# MUTUALIDADE

## A parceria no casamento

editora esperança

Clarice Ebert (org.)

# MUTUALIDADE
## A parceria no casamento

Autores:
Alan Doyle Myatt
Carlos 'Catito' Grzybowski
Carlos José Hernández
Clarice Ebert
Claudio Ernani Ebert (in memoriam)
Dagmar Fuchs Grzybowski
Roseli M. Kühnrich de Oliveira

Prefácio de Dr. Carlos José Hernández

1ª edição

Curitiba/PR
Maio/2025

editora
esperança

Clarice Ebert (Org.)

# Mutualidade

A parceria no casamento


*Direção executiva:* Claudio Beckert Jr.
*Coordenação editorial:* Guilherme Kacham
*Revisão:* Josiane Zanon Moreschi
*Capa:* Felipe Silva
*Diagramação:* Josiane Zanon Moreschi
Autores: Alan Doyle Myatt, Carlos 'Catito' Grzybowski, Carlos José Hernández, Clarice Ebert, Claudio Ernani Ebert (in memoriam), Dagmar Fuchs Grzybowski, Roseli M. Kühnrich de Oliveira





**Dados Internacionais de Catalogação na Publicação (CIP)**
Sueli Costa - Bibliotecária - CRB-8/5213
(SC Assessoria Editorial, SP, Brasil)

Mutualidade: a parceria no casamento / Alan Doyle Myatt...[et al. ] ; Clarice Ebert (org.) ; prefácio de Dr. Carlos José Hernández. – 1. ed. – Curitiba, PR : Editora Evangélica Esperança, 2025.
200 p.
ISBN 978-85-7839-444-8
1. Casamento – Aspectos religiosos - Cristianismo. 2. Vida conjugal. I. Myatt, Alan Doyle. II. Ebert, Clarice. III. Hernández, Carlos José. IV. Título.
CDD- 248.844

**Índices para catálogo sistemático:**
1. Casamento : Cristianismo 248.844


Salvo indicação, as citações bíblicas foram extraídas da Bíblia Nova Versão Internacional © Editora Vida, 2003.




**Editora Evangélica Esperança**
Rua Aviador Vicente Wolski, 353
CEP 82510-420 - Curitiba - PR
Fone: (41) 3022-3390
comercial@editoraesperanca.com.br
www.editoraesperanca.com.br

editora esperança

ASEC Associação de Editores Cristãos

"Se você é um líder religioso, um profissional da relação de ajuda que se propõe a trabalhar com casais sobre conjugalidade, ou é casado e quer conhecer mais e trilhar pelos caminhos da mutualidade na parceria conjugal, recomendo fortemente este livro. Os vários autores transcreveram, não só todo o profundo conhecimento que adquiriram sobre o assunto, mas expressaram também a vivência na própria vida em desfrutar dos mais profundos mistérios da caminhada mútua na conjugalidade."

*Esther Carrenho*
Teóloga, psicóloga, professora, escritora.

"Que ousadia bendita! Em tempos de acentuado individualismo os autores nos convidam à mutualidade, especialmente na vida conjugal; e o fazem com profundidade e sensibilidade, apontando o caminho cativante do cuidado mútuo derivado da intimidade cúmplice e sinérgica. Que Deus nos faça capazes!"

*Dr. Uriel Heckert*
Médico psiquiatra, professor, escritor.

"Fiquei contente e grato pelo convite de compartilhar algo sobre esse livro, um dos mais completos que já li acerca da parceria no casamento. Conheço e tenho admiração pelo empenho, conhecimento e ajuda que seus autores têm prestado aos que leem, pesquisam e buscam se informar, bíblica e cientificamente sobre tema tão precioso para as famílias em nossa sociedade e igreja atuais, em um tempo de tanto relativismo, moral, cultural e bíblico. É uma leitura preciosa e profunda, agregadora de valores e princípios para uma vida cristã de casais e famílias."

*Me. Guilherme Falcão*
Pastor, filósofo, psicólogo, professor, escritor.

"Clarice honra a memória do nosso saudoso Claudio com um livro que 'se parece com ele'. Ela afirma: 'Considere a perspectiva da mutualidade para o seu casamento e perceberá que, com alguns cuidados, uma paixão pode se transformar em um amor profundo, verdadeiro, cheio de vida nova com sentido'. Deus criou o homem e depois criou a mulher, alguém que pudesse viver com ele uma relação de correspondência e mutualidade.
A leitura deste livro conduzirá o leitor a perceber como a mutualidade pode revelar radicalismos, narcisismos, subjugações e violências. Certamente é um texto que nos desafia à reflexão bíblica e à aplicação dos valores da nossa fé à atualidade. Boa leitura!"

*Dr. Luiz Roberto Silvado*
Teólogo, pastor, escritor, professor.

"O conjunto dos textos deste livro nos ajuda compreender dinâmicas psíquicas, emocionais e mentais presentes no jogo da convivência sem dominações, como em uma bela dança de parceiros que se articulam para o gozo mútuo. As autoras e os autores se articulam dentro da lógica da mutualidade tão bem explicitada no texto do Prof. Alan Doyle Myatt, que desmonta milenares conceitos tidos como sagrados, em tantas culturas e religiões que legitimam o desumanizador submetimento da mulher ao machismo, pecado fonte de tantas tragédias e crimes contra a mulher. Os/As autores/as insistem em buscarmos a mutualidade pois em Cristo não já judeu nem grego, escravo ou livre, homem ou mulher; pois todos são um em Cristo Jesus (Gl 3.28). Este é um livro com grande potencial terapêutico quando aponta e trata de fatores do adoecimento de distorções em sistemas conjugais e familiares. Sim, homem e mulher podem, através do trabalho em si mesmos, com ajuda do Espírito, descobrirem o caminho rumo à unidade."

*Me. Ageu Heringer Lisboa*
Psicólogo, mestre em ciências da religião (Campinas/SP), professor, escritor.

"Clarice é, sem dúvida, uma das mulheres mais delicadas, doces e gentis que conheço. Aqueles que têm o privilégio de conhecê-la, seja por meio de um relacionamento mais próximo ou através de suas obras, descobrem que sua delicadeza é entrelaçada com uma força e coragem que surpreendem. Ao mergulhar nas páginas desta obra, você será convidado para uma imersão em uma perspectiva única sobre a mutualidade no casamento — uma visão cristã, criativa e prática, fundamentada na Bíblia."

*Esp. Leonora Ciribelli*
Psicóloga, escritora, terapeuta de casal e de família.

"Esse livro é um verdadeiro banquete para os 'casais rendidos', como coloca a querida e competente terapeuta de casal Clarice Ebert, na epígrafe do livro. A autora e organizadora, produz e convida nomes importantes da terapia de casal para compartilharem a força e os desafios de sermos casais. Obrigada Clarice e Claudio, pelo casal que vocês foram e pela riqueza dessa proposta. Fomos e seremos abençoados pelas ideias do livro."

*Dra. Fatima Cristina Costa Fontes*
Doutora, psicóloga, professora, escritora, membro pleno do CPPC, terapeuta de casal e de família, docente da graduação e pós-graduação da Faculdade Teológica Batista de São Paulo.

"Anos atrás atendi um casal, ambos cristãos, que estava na iminência de separar-se, por iniciativa dela, que não suportava mais as frequentes explosões emocionais do marido. Às tantas, alguém ofereceu a ele um livro de um psicólogo, também cristão, no qual relatava com detalhes o sofrimento de cônjuges sujeitos ao destempero emocional do outro. A leitura foi impactante e provocou profunda comoção nesse marido que, até então, não se dera conta de quanta dor causavam suas explosões. Mas já era tarde. A decisão da esposa estava tomada e ocorreu a separação. Contou-me ele, mais tarde, que tomara a decisão de ler e distribuir livros sobre as relações no casamento. Pelo que sei, um matrimônio subsequente dele vem caminhando em bons termos. Infelizmente há ainda muita carência de boa informação, sobretudo baseada nos ensinamentos bíblicos, que possa orientar as pessoas nas áreas que mais interferem com o bem-estar psicológico, que têm a ver com a vida em família. Por isso, a iniciativa de Clarice Ebert de organizar um livro como Mutualidade deve ser festejada, por reunir escritos de profissionais cristãos bem-preparados e com larga experiência na orientação e terapia de casais, contribuindo, assim, para que o amor e o cuidado mútuos prevaleçam em inúmeros lares. Espero e oro para que muitos casais se beneficiem dessa riqueza."

*Dr. Zenon Lotufo Jr.*
Pastor, psicoterapeuta, professor e escritor.

"Há três coisas que cativam neste livro: o título, os autores e os temas. Só isso bastaria para mergulhar em cada assunto abordado, pois eles são relevantes para uma vida conjunta, na qual o objetivo é a mutualidade; e a forma de vivenciá-la é 'o desenvolvimento da capacidade de acolher', diz Carlos Hernandez no prefácio. O livro é um projeto de amigos, diz Clarice, e é bonito de ver como esses amigos compartilham conhecimento, experiência e amizade. É uma leitura que vale a pena! Faça-o inspirado no ritual da família caribenha, como destacado no prefácio: sente-se no chão, cruze as pernas e busque a experiência da mutualidade, como uma oração."

*Dr. Valdir Steuernagel*
Embaixador da Visão Mundial e da Aliança Evangélica,
pastor, professor, conferencista internacional e escritor.

# Sumário

*Dedicado aos casais rendidos ao amor mútuo!*

*"A possibilidade de formar um casal saudável depende da capacidade de ter um senso de igualdade com respeito ao outro."*[1]

1 SATIR, Virginia. "Il cambiamento dela coppia", in: ANDOLFI, Maurizio. *La crisi della coppia. Una prospettiva sistemico-relazionale.* (Milão/Itália: Rafaello Cortina Editore, 1999): 14.

# Apresentação

A temática da mutualidade, trazendo um sentido mais amplo para a vivência da parceria no casamento, se faz presente na minha história pessoal, na formação acadêmica e terapêutica, no atendimento clínico de famílias e casais, na atuação docente, bem como nos estudos da riquíssima abordagem sistêmica e nas interlocuções entre os saberes da Psicologia e da Teologia.

O projeto de escrever um livro nessa temática era objetivo meu e de meu marido Claudio Ernani Ebert, falecido em 2023. Como casal, fomos parceiros de vida e ministério por 42 anos. Fomos abençoados com três filhos, dois genros, uma nora e sete netos.

Na vida conjunta descobrimos que a parceria favorecia a harmonização das nossas diferenças e nos salvava das fragmentações de uma relação fusionada ou de uma ruptura por supostas incompatibilidades. A memória do vivido conta uma história abençoada por Deus e cheia de aprendizados. Gratidão eterna por isso!

Na parceria ministerial, servimos em igrejas locais na área pastoral por mais de trinta e cinco anos. Nos últimos anos juntos desenvolvemos um ministério de cursos e palestras, denominado Ministério Vida Melhor. Nesse ministério as palestras tinham como objetivo trazer inspiração e edificação em temáticas que abordavam a área familiar e conjugal, espiritualidade, restauração e liderança cristã.

O projeto de escrever um livro juntos sobre casamento não se concretizou, pois, infelizmente, Claudio mudou-se para outra dimensão antes disso acontecer. Mesmo assim, a ideia de escrever um livro para casais na ótica da mutualidade, enfatizando a parceria relacional, continuou ardendo em meu coração. Não querendo seguir sozinha com essa proposta, convidei amigos parceiros para me acompanharem nessa jornada. Sou imensamente grata e sinto-me profundamente agraciada pelo aceite de cada um deles em escrever este livro juntamente comigo. Eles são profissionais altamente competentes em atuações na área familiar e conjugal, professores e pesquisadores esmerados, escritores incríveis e experientes, além de pessoas admiráveis por quem nutro elevadíssima admiração e estima.

Agradeço especialmente ao professor Dr. Carlos José Hernández, por brindar este livro com o prefácio e um capítulo primoroso. Seu brilhantismo poético e sua profundidade reflexiva desperta olhares diferenciados sobre a beleza da intimidade mútua no casamento. Igualmente agradeço ao professor Dr. Alan Doyle Myatt pelo seu esmero teológico na abordagem da mutualidade a partir de uma cosmovisão bíblica, desmistificando vícios culturais e históricos tão enraizados em crenças equivocadas sobre a vida conjugal. Gratidão também ao casal Grzybowski, o professor Dr. Carlos "Catito" e a professora Dagmar, por sua admirável trajetória no cuidado de casais e famílias, e por partilharem de forma relevante e apaixonada sua abordagem sobre a sexualidade, finanças e relacionamento com os filhos. Também agradeço à querida professora Me. Roseli M. Kühnrich de Oliveira, que com sua escrita gentil destaca a comunicação como a base do casamento. Gratidão imensa ao amado Claudio Ernani Ebert (professor e pastor), que deixou em seus escritos um estudo sobre o sacerdócio do lar na perspectiva da mutualidade, possibilitando que fosse incluído neste livro em sua memória.

A gratidão maior dedico a Deus por semear no coração humano a possibilidade de amar e de se vislumbrar diante dos mistérios da intimidade na vida a dois.

Convido os leitores a se deliciarem com cada capítulo aqui proposto. Desejo que a perspectiva da mutualidade traga nova dimensão para suas reflexões e vivências, especialmente para aqueles que desejam viver uma linda história de amor conjugal, cheia de vida com sentido.

*Clarice Ebert*

# PREFÁCIO

Em um estudo clássico sobre intimidade, um antropólogo descreve um ritual feito por uma família do Caribe. Antes de saírem para trabalhar longe, os membros da família se sentam no chão, cruzam as pernas umas sobre as outras e fazem uma oração. Quando questionados sobre o sentido desse gesto, eles explicam: o dia será difícil, e lembrar do calor da pele e da proximidade dos outros é essencial para se manterem firmes. Eles carregam com eles esse calor, que é como uma energia emocional. Para eles, a intimidade é um tipo de força que os aquece e os mantém vivos, mesmo a distância.

Esse ritual mostra uma "mutualidade invisível" — um sentimento de conexão profunda que nasce da intimidade. Essa ligação ajuda cada pessoa a se sentir parte do grupo e a entender quem é. A emoção, nesse caso, tem dois movimentos: um que aproxima e outro que permite partir, levando consigo o aconchego do lar.

Esse sentimento de pertencimento vem da própria vida compartilhada, de algo maior, que é recebido com gratidão. É esse sentimento que dá à família a capacidade de cuidar uns dos outros, como quem escuta e acompanha os batimentos do coração de cada um.

Quando a família desenvolve essa capacidade de acolher, ela cria uma rede de apoio mútua, que pode ser comparada à forma de uma hélice, como a do DNA. Essa estrutura emocional permite que sentimentos como alegria, conflito, desejo, finanças e brincadeiras encontrem espaço e expressão no dia a dia.

Essa mutualidade traz beleza e vitalidade para a família. A intimidade, mesmo surgindo de outro lugar, se torna a base de um laço que dá identidade, pertencimento e sustentação a cada membro da família.

No mundo social, o casal humano se apresenta através do casamento, que é reconhecido como uma união oficial e visível. No entanto, por trás dessa visibilidade existem forças invisíveis que, com o tempo, ganham forma e presença na vida a dois. Três delas se destacam: o nascimento de um filho, que vem da escuridão do ventre materno; o ato sexual, que nasce do desejo e une os corpos; e a morte, que traz a presença misteriosa do que é invisível e eterno.

Por tudo isso, pensar sobre essa mutualidade — esse cuidado mútuo que nasce da intimidade — pode ser muito valioso para quem vive um casamento.

É como se a vida a dois ganhasse o formato de uma espiral viva, como o genoma, que se revela em cada momento, decisão e sentimento. Essa dinâmica é parte essencial da experiência de ser humano em sociedade. Uma dinâmica que se origina nas profundezas das galáxias percorre o casal enquanto eles se acariciam e mergulha na exuberante fecundidade da intimidade mútua. Tudo isso será expresso nas identidades familiares, em uma dança de testemunhas que anunciam que a vida e a salvação já iniciaram a sua vinda.

*Prof. Dr. Carlos José Hernández*

# INTRODUÇÃO

A perspectiva da mutualidade poderia ser apresentada em seus mais variados sinônimos, como interligação, correlação, interdependência, reciprocidade, correspondência, entre outros. Ela se baseia nos princípios de interação recíproca entre os membros de um sistema, em uma contribuição que beneficia cada um de seus membros. No entanto, a mutualidade, ao ser vivenciada por um casal, favorece uma experiência para muito além da reciprocidade, ou mesmo da cumplicidade, conforme um olhar ampliado do professor Carlos José Hernández.[2]

O termo mútuo carrega o conceito de relacionalidade e correspondência. A relação mútua se efetiva em confluência, sintonia, harmonização, união, ligação, comunhão, encontro, junção e sinergia.

Um casal que adota a mutualidade para a dinâmica de seu relacionamento se envolve sinergicamente, ou seja, age em conjunto em uma parceria harmoniosa para construir e favorecer um bem-estar conjunto.

Quando um casal tem uma dinâmica sinérgica, o resultado de sua interação se mostra soberano em relação ao que cada um faz individualmente dentro do casamento. A beleza da intimidade é experimentada em profundidade, indo para muito além de dar e receber em reciprocidade. Assim, a mutualidade beneficia os casamentos para que experimentem mais funcionalidade, saúde e felicidade.

Casais que desenvolvem a mutualidade evidenciam uma estrutura de parceria em sua dinâmica relacional, o que é diferente de uma estrutura hierárquica.

2 Uma partilha realizada em conversas com o professor Carlos José Hernández, ao longo da elaboração deste livro.

Minuchin[3] nos ensina que a estrutura em um sistema familiar representa um conjunto de regras que regulam a interação entre os seus membros. Cada sistema familiar é composto por subsistemas, como o conjugal, parental, filial e outros. O subsistema conjugal, como qualquer outro subsistema, também se estrutura em uma dinâmica com regras, que regulam a interação entre os cônjuges. Essas regras geralmente são internalizadas a partir da cultura familiar, social e religiosa. Os padrões vivenciados nos sistemas anteriores ao casamento geralmente se impõem como mandatos, em repetições automatizadas e fidelizadas de forma inconsciente. Podem construir relacionamentos mais satisfatórios ou extremamente desconfortáveis.

A dinâmica interativa de um casal, evidenciada nos movimentos protagonizados pelos cônjuges em direção de um ao outro ou um contra o outro, revela a sua estrutura relacional e o quanto vivenciam a mutualidade ou não.

A mutualidade coloca o relacionamento dos cônjuges em uma perspectiva de igualdade. Como explica a terapeuta de casais Virgínia Satir: "A possibilidade de formar um casal saudável depende da capacidade de ter um senso de igualdade com respeito ao outro."[4]

Ambos se reconhecem protagonistas na relação, na medida em que cada um tem voz, vez e voto para expressar pensamentos, sentimentos e opiniões. O protagonismo de ambos se mostra tanto nas expressões afetivas em cada dia, quanto nas escolhas corriqueiras e/ou decisões, desde as mais simples até as extremamente desafiadoras. Esse protagonismo mútuo requer reconhecimento e aceitação, em rendição mútua ao amor e ao respeito de um para com o outro.

A rendição carrega uma dimensão muito mais profunda do que a submissão, conforme diferencia Brennan Manning[5] ao explicar a nossa entrega em devoção a Deus. A submissão, afirma ele, seria aceitar a realidade de forma consciente, em uma entrega superficial, mas a tensão continua, permanecendo um sentimento de reserva e resignação. Já na rendição, as forças inconscientes da resistência cessam efetivamente de funcionar e se apresenta uma capacidade persistente de aceitar a realidade em um estado realmente positivo e criativo. Em uma rendição ao Espírito no nível inconsciente,

3 MINUCHIN, Salvador. *Famílias: funcionamento e tratamento.* (Porto Alegre/RS: Artes Médicas, 1982.)

4 SATIR, "Il cambiamento dela coppia", p. 14.

5 MANNING, Brennan. *Meditações para maltrapilhos.* (São Paulo/SP: Mundo Cristão, 2008): 241.

em nossa devoção a Deus não há qualquer batalha residual, e segue-se um relaxamento, com liberdade em relação às tensões e conflitos. Para Manning, ao contrário da submissão, que é uma aceitação sem entusiasmo, a rendição produz aceitação com devoção entusiasmada.

A abordagem de Manning sobre a submissão e a rendição pode ser utilizada para ampliar o entendimento sobre a entrega mútua, em amor e respeito, dos cônjuges em seu casamento. Não seria apenas ceder um para o outro, muitas vezes em um sentimento de resignação e injustiça. Envolveria a rendição voluntária em sinergia com devoção entusiasmada. É uma rendição cheia de disposição para amar, em entrega e doação, em que um leva o outro plenamente em consideração.

A mutualidade desmonta narcisismos, subjugações e violências. O que importa não é o que um quer ou decide, mas o que ambos querem, desejam e decidem juntos. Quanto mais tiverem espaço para existir como pessoas adultas e maduras no relacionamento em mutualidade, tanto mais os cônjuges se percebem como iguais no protagonismo relacional. Vai muito além do homem gostar "de" mulher ou da mulher gostar "de" homem para encontros sexuais. Envolve o homem gostar "da" mulher e a mulher gostar "do" homem, com quem convive. Significa que o homem gosta de estar na companhia da sua mulher para comungar com ela, conviver, conversar, interagir, levando-a em consideração por inteiro, não apenas o seu corpo. Assim, também a mulher em relação ao seu homem.

A perspectiva da mutualidade, desenvolvida ao longo dos nove capítulos propostos neste livro, é apresentada em uma interlocução entre os saberes da Psicologia e da Teologia. Dentre os autores encontram-se doutores, mestres e especialistas, que se debruçaram na temática da mutualidade de forma consistente e profunda.

No primeiro capítulo, a temática da mutualidade é abordada pelo Prof. Dr. Alan Doyle Myatt, a partir de uma cosmovisão bíblica teológica abrangente e aprofundada, mostrando os vários aspectos que contradizem a vigência do complementarismo encontrado nas ênfases seculares, culturais e religiosas. O professor explica que em vez de ser derivado da Bíblia, o hierarquismo é fruto de uma cosmovisão não cristã, que reflete a filosofia grega neoplatônica. Infelizmente, ao longo do tempo tornou-se uma lente distorcida para a leitura das Escrituras, de forma a impor a prática da subordinação feminina, contrariamente à sua intenção igualitária. Ler a Bíblia sem a influência de pressupostos antibíblicos e neoplatônicos nos liberta para vermos que as passagens bíblicas, muitas vezes em disputa, *subvertem* hierarquias nas relações humanas e nos apontam de volta ao igualitarismo da ordem original da criação.

No segundo capítulo, a Profª. Me. Clarice Ebert aborda a temática da mutualidade na dança da parceria. A dança é utilizada como uma metáfora, que sinaliza a dinâmica interativa do casal. Um casal parceiro partilha da vida e da intimidade em uma experiência do real sentido de estar junto. Um casal que não vivencie a dinâmica da parceria e queira evoluir em seu relacionamento, provavelmente terá que reorganizar a forma de se relacionar. Como se estivesse conhecendo nova música e aprendendo um novo passo de dança, que possibilite uma dinâmica sinérgica. Nesse capítulo, ainda será abordado o entrelaçamento entre a mutualidade do amor, do respeito, do serviço, da cooperação e da edificação, para a vivência de uma conjugalidade mais satisfatória, funcional, amorosa, feliz e saudável.

No terceiro capítulo, o Prof. Dr. Carlos José Hernández (psiquiatra argentino) abordará a temática da mutualidade na beleza da intimidade. Sua linguagem poética e profunda ensina que a intimidade se desenvolve no espaço da interioridade dos cônjuges, que permitem a visita de um ao interior do outro como um modo de relação que fortalece o seu vínculo afetivo e relacional. O movimento de um dar-se a conhecer ao outro ocorre em uma revelação mútua e contínua, de forma amorosa, generosa e acolhedora. O professor enfatiza que o evento da Queda, relatado em Gênesis, afetou a intimidade do casal pela dominação, promovendo uma ruptura relacional. Mas, a esperança se apresenta na redenção, que promove a possibilidade da intimidade relacional outra vez, na experiência da vida como participante inerente ao vínculo do casal.

No quarto capítulo, o Prof. Dr. Carlos "Catito" Grzybowski aborda a temática da mutualidade na vivência da sexualidade relacional saudável. O professor, que é um estudioso na área da sexualidade conjugal, elucida que uma sexualidade saudável é pautada na intimidade entre duas pessoas e não apenas entre dois corpos. Seria uma intimidade cheia de amor e ternura, que habilite ambos ao aprendizado sobre o desejo, e o formato dele, que a pele de cada um comunica, de um para o outro. Uma sexualidade em que os cônjuges se envolvem mutuamente na conquista e sedução em uma proatividade amorosa e respeitosa, sem imposições nem objetificações.

No quinto capítulo, a Profª. Me. Clarice Ebert aborda a temática da mutualidade na harmonização das diferenças evidenciadas nas individualidades de cada cônjuge. A harmonização acontece na aceitação de um e de outro em suas diferenças, imperfeições e insuficiências. O desapego do outro idealizado e a aceitação do outro real passa a ser possível, na medida em que as diferenças não são extintas ou somente aceitas, mas ao serem estimuladas em sua existência. O casal cresce ao se conscientizar de que as diferenças são as riquezas que cada um traz a fim de contribuir para o enriquecimento relacional. Harmonizar as diferenças pode exigir algum empenho a mais na convivência. No entanto, a colheita desse investimento gerará uma conexão sublime e fortalecerá o vínculo e o sentido da vida a dois.

No sexto capítulo, o Pastor, Prof. Esp. Claudio Ernani Ebert (in memoriam) aborda a temática da mutualidade na expressão da espiritualidade na vida conjugal e familiar. O autor relata que a perspectiva de que tanto o marido como a esposa são sacerdotes do lar cristão encontra parâmetros no Novo Testamento Bíblico. A partir da rasgadura do véu no templo, no ato da morte de Cristo, a função sacerdotal se reconfigura. Dali em diante, não há mais seres humanos sacerdotes que mediam a relação entre Deus e os seres humanos, como havia no Antigo Testamento. Cristo passou a ser o único Sumo Sacerdote, o único mediador entre Deus e os homens. O povo de Deus — incluindo homens e mulheres — foi feito sacerdócio real com a função de anunciar em qualquer lugar, incluindo o contexto familiar, as grandezas daquele que os chamou das trevas para a sua maravilhosa luz.

No sétimo capítulo, o Prof. Dr. Carlos "Catito" Grzybowski aborda a temática da mutualidade na composição mútua do orçamento familiar. O autor leva em conta que o orçamento familiar não é composto somente pelo dinheiro que entra, mas também pelo serviço que se realiza. Ser provedor não é uma tarefa específica definida por gênero, pois as provisões vêm do tesouro celestial, ou seja, o provedor da família é Deus. Ele pode usar tanto o marido quanto a esposa para fornecer as provisões financeiras e para que as tarefas no ambiente familiar sejam realizadas.

No oitavo capítulo, a Profª. Esp. Dagmar Fuchs Grzybowski aborda a temática da mutualidade nas funções que dizem respeito ao subsistema parental. A especialista em atendimento de famílias com filhos, enfatiza que quando um casal tem filhos, educá-los para a vida passa a ser um dos mais importantes projetos que terão em conjunto. Nenhum empreendimento, objetivo financeiro, aquisição de bens, viagens, lazer, amizade pode ser comparado a essa nobre missão conjunta de um casal quando tem filhos. Mesmo assim, o subsistema parental precisa coexistir com o subsistema conjugal, uma condição favorecida pela proatividade mútua dos cônjuges.

No nono capítulo, a Profª. Me. Roseli M. Kühnrich de Oliveira aborda a temática da mutualidade na ótica da comunicação como base do casamento. A professora apresenta a perspectiva de que a comunicação sempre é farta em qualquer relacionamento. Além de ser impossível não se comunicar, comunica-se para muito além das palavras, sendo que toda conduta comunica. Mas nem sempre se utiliza o nobre recurso do diálogo para se comunicar. A reciprocidade na comunicação é requisito primordial e indispensável para haver diálogo, que permite uma interação mediada por uma fala assertiva e uma escuta ativa e empática.

Os nove capítulos desse livro têm como objetivo apresentar parâmetros teológicos e terapêuticos sobre a temática que envolve a mutualidade na cosmovisão bíblica, na dança da parceria, na beleza da intimidade, na vivência da sexualidade conjugal relacional, na harmonização das diferenças nas individualidades de cada cônjuge, na expressão da espiritualidade na vida conjugal e familiar, na composição mútua do orçamento familiar, nas funções proativas que dizem respeito ao subsistema parental e na ótica da reciprocidade na comunicação do casal.

Os exemplos trazidos pelos autores em seus textos são ilustrações de casos reais, porém os nomes são fictícios e maiores detalhes foram ocultados e alterados para preservar o anonimato dos envolvidos.

Mesmo ciente da impossibilidade de se esgotar o assunto proposto, pretende-se que o livro traga a esperança de que os sentimentos que levaram os cônjuges a se unirem inicialmente não precisam se extinguir, mas podem evoluir na vivência de um crescente vínculo de amor e alegria conjunta. A boa notícia é que mudanças sempre são possíveis, tanto para casamentos considerados bons, que podem evoluir ainda mais, quanto para casamentos muito difíceis, que podem descobrir interações mais saudáveis e evoluir também.

Considere a perspectiva da mutualidade para o seu casamento e perceberá que, com alguns cuidados, uma paixão pode se transformar em um amor profundo, verdadeiro, cheio de vida nova com sentido.

Uma abençoada leitura!

*Clarice Ebert*

# 1

# A MUTUALIDADE NA COSMOVISÃO BÍBLICA

*Alan Doyle Myatt*[6]

No evangelicalismo hoje existem duas abordagens principais à questão dos papéis do homem e da mulher na igreja e na família cristã: o complementarismo e o igualitarismo.[7] O complementarismo é o ensino tradicional de que Deus estabeleceu uma hierarquia de autoridade masculina e de submissão feminina na ordem da criação. O igualitarismo afirma que tal hierarquia não existe e que Deus estabeleceu um padrão de relacionamento de autoridade igual e submissão mútua entre homem e mulher. Assim, igualitaristas no Brasil preferem o termo "mutualismo".

As diferenças entre as duas visões não são apenas uma questão de interpretação de alguns versículos da Bíblia. Se esse fosse o caso, possivelmente o debate seria resolvido de maneira simples e a questão seria levada a um consenso. Mas, apesar de décadas de conferências, artigos, livros e

6 Doutor em Estudos Teológicos e Religião, professor de Teologia no mestrado da FABAPAR (Faculdades Batista do Paraná), em Curitiba-PR, Brasil. Suas publicações incluem *Teologia Sistemática* (premiada com dois prêmios Areté) e numerosos artigos como "Fides Reformata", "Religião e Política Social" e "Vida Acadêmica" e seu artigo intitulado "Sobre a Compatibilidade da Igualdade Ontológica, Hierarquia e Distinções Funcionais", páginas 22–28, na edição especial intitulada "The Deception of Eve and the Ontology of Women", publicada pela CBE. @myattalan.

7 Para uma defesa do complementarismo, consulte PIPER, John e GRUDEM, Wayne (orgs.). *Homem e mulher: seu papel bíblico no lar, na Igreja e na sociedade* (São José dos Campos/SP: Fiel, 1996), e PIPER, John e GRUDEM, Wayne. "50 questões cruciais sobre masculinidade e feminilidade bíblicas", in: *SCRIBD* (Ministério Piedade Masculina, n.d.). Disponível em: https://cutt.ly/DroAZ53u (acesso em 21/03/2025). Para uma defesa do igualitarismo, veja ZALEWSKI, Viktorya. *Mulher pode ser pastora?* (Rio de Janeiro/RJ: Thomas Nelson Brasil, 2023).

reuniões, não há sinal de solução. Por quê? A resposta, eu creio, é que nos bastidores da discussão, os dois lados estão lendo a Bíblia com pressupostos diferentes, derivados de duas cosmovisões distintas e incompatíveis. Neste capítulo, eu gostaria de analisar a exegese e a intepretação dos textos tipicamente citados para defender o complementarismo e avaliar seus pressupostos. Nós nunca interpretamos a Bíblia de maneira isolada, mas à luz de nossos pressupostos. É preciso que estejamos conscientes deles para evitar que nossa leitura da Bíblia seja controlada por ideias inconsistentes com a cosmovisão presente nela.

Seria interessante elaborar a cosmovisão cristã de uma forma plena e situar a questão do lugar da mulher. Considerando que o espaço aqui é limitado, pretendemos desenvolver essa ideia de modo mais abrangente em um projeto futuro. Por ora, o presente capítulo se concentrará apenas em dois aspectos da cosmovisão: a base de nosso conhecimento e a estrutura do Universo que Deus criou. Ao comparar as respostas do complementarismo e do mutualismo, teremos uma visão mais clara de como abordar os textos nas Escrituras que dividem as duas visões.[8]

## A referência suprema

O pressuposto mais importante em qualquer cosmovisão é a sua referência suprema. A referência suprema é a fonte de significado último, a realidade derradeira que serve como o padrão pelo qual a pessoa interpreta, avalia e julga todas as coisas. Ela é o objeto de sua devoção, o compromisso do coração, seja no sentido religioso, seja apenas por necessidade pragmática. Exemplos de coisas que podem funcionar como referência suprema são a ideia de Deus, o conceito do mundo espiritual, a razão humana, a autoridade da ciência ou de profetas, dinheiro e riqueza (ou a capacidade de obtê-los), poder, o planeta terra, ou até mesmo o próprio cosmos. A referência suprema funciona como a fonte de autoridade e conhecimento. É aquilo que a pessoa

8 Para um tratamento abrangente da ideia de cosmovisão, eu recomendo SIRE, James W. *O universo ao lado: um catálogo básico sobre cosmovisão* (Brasília/DF: Monergismo, 2018), DOMINGUES, Gleyds Silva. *Visão de mundo e a lente bíblica para ler a realidade* (Curitiba/PR: Discipular, 2021) e MYATT, Alan e FERREIRA, Franklin. *Teologia sistemática: uma análise histórica, bíblica e apologética para o contexto atual*, 1ª ed. Revisada. (São Paulo/SP: Vida Nova, 2008).

valoriza acima de todas as coisas, o seu *summum bonum*[9]. Ela define o bem, o mal e o propósito da vida. É a base do motivo de viver. A chave de qualquer cosmovisão é localização desta referência suprema.[10]

A cosmovisão cristã localiza a referência suprema no Deus trino, revelado nas Sagradas Escrituras, a Bíblia. Este Deus, e nenhum outro, é o nosso ponto de referência para interpretar o mundo. É por isso que Paulo diz: *... levamos cativo todo pensamento, para torná-lo obediente a Cristo* (2Co 10.5). Neste ponto, os evangélicos complementaristas e igualitaristas concordam. Seja qual for o papel certo da mulher na família e na igreja, somente Deus o deve determinar. Critérios de Filosofia e de Ciências Humanas, sejam religiosos ou seculares, não podem ter a palavra final. O fato de que algo esteja na moda na cultura de hoje não nos dá a liberdade de ir contra o que Deus diz. Por isso, é preciso que desde o início tenhamos uma ideia firme de como ouvir a voz de Deus.

## *A referência suprema do conhecimento*[11]

Não é por acaso que a maior parte do debate entre complementaristas e mutualistas seja sobre a interpretação dos versículos da Bíblia que tratam de mulheres e homens na igreja e na família. O compromisso com a autoridade final da Bíblia é uma característica que define a identidade evangélica. Por meio da Bíblia, nossos antepassados fundaram as igrejas evangélicas, negando a autoridade final de Papas, concílios, credos e tradição. Para ouvir o que Deus diz sobre este e outros assuntos relacionados a como devemos viver, cada cristão é responsável por buscar a voz de Deus nas Escrituras.

Os complementaristas levantam uma defesa forte da autoridade da Bíblia como a referência suprema. Para eles, a Bíblia é a palavra inerrante de Deus. Sua inerrância garante que a autoridade da Escritura é final, pois ela é infalível em tudo o que ela ensina. Eles também acreditam fortemente que a Bíblia ensina a liderança e autoridade masculinas. Assim, não é possível questionar isso sem que complementaristas acreditem que a própria autoridade da

---

9 Expressão latina que significa "sumo bem" ou "bem maior". É usada na Filosofia para descrever o bem que o ser humano deve buscar. (N. de Revisão)

10 WRIGHT, Robert. K. McGregor. *A soberania banida: redenção para a cultura pós-moderna*. (São Paulo/SP: Cultura Cristã, 2006): 216.

11 Esta seção é baseada em minha palestra "Resgatando a Bíblia da hierarquia", in: *Conferência da CBE International, Mulheres e as Escrituras: resgatando a visão bíblica* (São Paulo, 20 de julho de 2023). Disponível em: https://cutt.ly/aroS8WVC (acesso em 21/03/2025).

Bíblia está sendo colocada em xeque. Albert Mohler, por exemplo, presidente do Seminário Batista do Sul nos Estados Unidos, afirmou que:

> ... isso não é apenas uma questão de política da igreja, não é apenas uma questão de hermenêutica, é uma questão de compromisso bíblico, um compromisso com a Escritura que inequivocamente, cremos, limita o ofício de pastor aos homens. É uma questão de autoridade bíblica.[12]

Mark Dever, pastor da Capitol Hill Baptist Church em Washington, D.C., asseverou:

> O meu melhor e mais sensato julgamento é de que essa posição (igualitarismo) seja verdadeiramente um corruptor — uma brecha — na autoridade da Escritura [...] a questão do igualitarismo está agindo cada vez mais como um traço distintivo entre os que irão acomodar a Escritura à cultura e aqueles que irão tentar moldar a cultura pela Escritura.[13]

Para o pastor J. Ligon Duncan, qualquer mutualista que afirme a autoridade da Bíblia está se enganando. Ele escreve:

> ... a negação do complementarismo mina a adoção prática da autoridade da Escritura pela igreja (assim, eventual e inevitavelmente, prejudicando o testemunho da igreja sobre o Evangelho). A ginástica necessária para ir de "Eu não permito que uma mulher ensine ou exerça autoridade sobre um homem", na Bíblia, para "Eu permito que uma mulher ensine e exerça autoridade sobre um homem" na prática real da igreja local, é devastadora para a autoridade funcional da Escritura na vida do povo de Deus.[14]

A preocupação dos complementaristas com a defesa das Escrituras é louvável. Para eles, a exegese feita por mutualistas, mesmo os mais eruditos em estudos bíblicos, é uma deturpação do texto para chegar a uma conclusão predeterminada, mesmo sem intenção. Segundo eles, se fosse possível identificar o mutualismo na Bíblia, então seria possível interpretar qualquer passagem bíblica de acordo com os próprios interesses. De fato, eles duvidam

---

12 178ª Reunião anual da Convenção Batista do Sul, New Orleans, 13 de junho de 2023.

13 Citado em GRUDEM, Wayne. *O feminismo evangélico*. Ed. Kindle (São Paulo/SP: Cultura Cristã, 2009): 20. Veja também DEVER, Mark, "Young vs. Old Complementarians", in: *Journal for Biblical Manhood and Womanhood* 13, no. 1 (2008): 23.

14 DUNCAN, J. Ligon, "Why 'Together for the Gospel' Embraces Complementarianism", *Journal for Biblical Manhood and Womanhood* 13, no. 1 (2008): 25. A não ser que seja indicado o contrário, as traduções do inglês são do autor.

que a maioria dos igualitaristas sejam comprometidos com a inerrância e autoridade plena da Bíblia.[15]

Infelizmente, alguns mutualistas também não conseguiram desvincular a subordinação da mulher da doutrina da inerrância bíblica. Manter esta conexão ao defender a mutualidade lança dúvidas sobre a inerrância, mesmo que esta não seja a intenção. O fato é que, na experiência de muitos mutualistas, a inerrância bíblica se tornou um instrumento para aumentar a autoridade masculina e silenciar qualquer um que questione a hierarquia de poder masculina. Às vezes, relaciona-se a doutrina da inerrância com a dolorosa rejeição pessoal que sofreram por suas igrejas e por pessoas que eram seus amigos. Não é de admirar que, em alguns casos, as pessoas que passaram por isso lutem com dúvidas sobre o que significa a autoridade da Bíblia.[16]

Assim, alguns mutualistas caíram na armadilha de uma história equivocada, alegando que a doutrina da inerrância não faz parte do credo cristão histórico. Seguindo a linha de Jack Rogers e Donald McKim, dizem que a inerrância é uma doutrina racionalista que surgiu entre teólogos calvinistas norte-americanos no século 19. Antes disso, a doutrina era desconhecida.[17] Assim, sendo uma inovação recente, a doutrina da inerrância pode ser dispensada sem prejuízo à fé.[18]

Este argumento não terminará em uma conclusão adequada para resolver o debate, mesmo que as feridas emocionais possam ser profundas. Uma reação emocional serve mais para obscurecer do que esclarecer a questão. É preciso uma mente clara e um olhar objetivo dos fatos. O fato é que a tese

---

15 Ibid.

16 Duas autoras evangélicas que mostram como a doutrina da inerrância tem sido empregada de uma maneira abusiva são BARR, Beth Allison. *A construção da feminilidade bíblica: como a submissão das mulheres se tornou a verdade do evangelho.* Ed. Kindle. (Rio de Janeiro/RJ: Thomas Nelson Brasil, 2022): 213-214, e MEZ, Kristen Kobes Du. *Jesus e John Wayne: como o evangelho foi cooptado por movimentos culturais e políticos.* (Rio de Janeiro/RJ: Thomas Nelson, 2022): 117-118. As duas obras são importantes para entender o efeito prático do debate nas igrejas, especialmente entre os jovens. A ironia é que uma boa parte da alienação das pessoas do evangelicalismo ultimamente é provocado por homens que acreditam que estejam defendendo a fé. Não creio que essa tenha sido necessariamente a intenção das autoras, mas em ambos os livros, o fato de que não existe um vínculo lógico entre o complementarismo e a inerrância das Escrituras não ficou claro.

17 Veja BENDROTH, Margaret. *Fundamentalism and Gender, 1875 to the Present* (New Haven/CT: Yale University Press, 1993). Apesar de contar uma história útil da discussão sobre inerrância e hierarquia masculina no século 19, Bendroth promove a ideia errada de que as duas doutrinas são logicamente conectadas.

18 ROGERS, Jack B. e MCKIM, Donald K. *The Authority and Interpretation of the Bible, an historical approach.* (Nova York/NY: Harper and Row, 1979).

de Rogers e McKim foi refutada há mais de quarenta anos.[19] É muito infeliz que essa ideia que mina a doutrina da inerrância ainda apareça em alguns livros mutualistas sem uma resposta. Abrir mão da autoridade e inerrância bíblicas é um erro muito sério. O mutualista que deixa a porta aberta por isso, mesmo sem querer, está fazendo uma concessão desnecessária. De fato, deixar este argumento sem resposta apenas serve para confirmar a desconfiança que os complementaristas já têm sobre o igualitarismo e, pior, nos deixa sem defesa adequada quanto aos direitos da mulher.

Na ótica dos complementaristas, abrir o púlpito e a liderança às mulheres é o primeiro passo em uma rampa escorregadia que termina em liberalismo teológico. O resultado será não apenas a negação da autoridade da Bíblia, mas também de outras doutrinas essenciais. Para eles, isso seria o fim das igrejas evangélicas. O resultado de tudo isso é que em várias denominações evangélicas a oposição à ordenação feminina se tornou um teste de ortodoxia e fidelidade à Bíblia.

Em apoio a esse argumento, Wayne Grudem aponta uma correlação entre várias denominações que se renderam ao liberalismo e à ordenação feminina.[20] Para ele, o liberalismo e o feminismo andam de mãos dadas. Segundo Grudem, a lógica do igualitarismo sempre desembocará em apostasia.[21] Ele disse que o mutualismo sempre corrompe e enfraquece a autoridade da Bíblia.[22]

Não obstante, o que as igrejas que Grudem destaca em seu livro têm em comum é o fato de que elas abandonaram a autoridade da Bíblia e se tornaram liberais bem antes de abraçarem o feminismo. Assim, elas não se tornaram liberais por causa do feminismo. As igrejas liberais aceitaram o feminismo porque já haviam renunciado à autoridade da Bíblia. O feminismo que elas abraçaram é o mais radical, com raízes seculares, incluindo o apoio ao aborto e à teologia LGBTQ+. Nessas igrejas, não há vínculo algum com o igualitarismo evangélico.

19 WOODBRIDGE, John D. *Biblical Authority: A Critique of the Rogers/McKim Proposal.* (Grand Rapids/MI: Zondervan, 1982).

20 Veja GRUDEM, *O feminismo evangélico*, capítulo 2.

21 Ibid., p. 22.

22 Ibid., p. 18 e 20.

Por outro lado, são várias as denominações conservadoras evangélicas que, desde a sua fundação há mais de cem anos, possuem mulheres em posições de liderança. Denominações como a Igreja do Nazareno e a Igreja do Evangelho Quadrangular começaram com um compromisso forte à autoridade e inerrância bíblicas, e com mulheres pastoreando e liderando. Essas denominações continuam fiéis até hoje, guardando as doutrinas da fé com base na Bíblia. Durante cem anos a rampa escorregadia nunca se tornou realidade.[23] Não existe motivo algum para imaginar que será diferente no caso dos mutualistas atuais que afirmam a inspiração e a autoridade plena da Bíblia. A narrativa de que o mutualismo desemboca inevitavelmente em apostasia é comprovadamente falsa.

De fato, a maioria dos mutualistas evangélicos de hoje afirmam a inspiração e a autoridade plena da Bíblia. Têm razão ao fazer isso, pois esta é a única postura coerente para o evangélico que deseja construir uma cosmovisão bíblica. A Palavra de Deus não seria uma referência suprema confiável se ensinasse como verdades coisas que são falsas. Inerrância é a base imprescindível da Teologia cristã. Deste modo, não é uma surpresa descobrir que, ao estudarmos os pais da Igreja antiga, a doutrina da inerrância das Escrituras era a doutrina ortodoxa desde o início. Como o salmista disse: *A verdade é a essência da tua palavra, e todas as tuas justas ordenanças são eternas* (Sl 119.160).

Portanto, somos obrigados a crer em tudo o que a Bíblia ensina, pois ela é a Palavra soprada pelo Espírito Santo da boca de Deus, pelo qual nós vivemos (Mt 4.4, 2Tm 3.16). Se a Bíblia ensinasse uma hierarquia de liderança masculina, então nós teríamos que aceitar isso como a vontade de Deus. Mas, essa é a questão. Será que a Bíblia ensina isso de verdade? Eu acredito que não, e pretendo defender isso nas páginas seguintes. De fato, eu gostaria de afirmar que é justamente a doutrina da inerrância bíblica que me impele a ser

23 Acerca da Igreja do Nazareno, veja a afirmação sobre inerrância na página 19 e sua Teologia da mulher no ministério na página 154 do *Manual da Igreja do Nazareno* (Indianápolis/IN/EUA: Nazalivros, 2023). Disponível em: https://cutt.ly/Yrpy8UbJ (acesso em 24/03/2025). A Igreja do Evangelho Quadrangular afirma a inerrância em sua declaração de fé. Disponível em https://cutt.ly/QrpuwR0x (acesso em 24/03/2025). Sobre sua Teologia da mulher no ministério, veja DIRMANN, Jerry. "Mulheres no ministério de liderança", in: *Foursquare*, 30 de janeiro de 2020. Disponível em: https://cutt.ly/srputwfo (acesso em 24/03/2025).

mutualista.[24] Chegou o momento para os mutualistas reafirmarem seu compromisso com a plena autoridade e confiabilidade das Sagradas Escrituras.

## *A natureza do Universo e a ordem da criação*[25]

Agora que já esclarecemos que temos a Bíblia como a nossa autoridade final, é preciso indagar o que Deus diz acerca do ser humano como homem e mulher a partir de suas páginas. Como deve ser a natureza de seu relacionamento na família, na igreja e na sociedade? Não obstante, seria um erro, a esta altura, irmos diretamente aos versículos disputados. A prática que devemos seguir em nossas igrejas e lares não pode ser isolada do arcabouço maior da cosmovisão apresentada na Bíblia. A razão é simples. Nossa cosmovisão inclui as respostas às grandes questões da filosofia, a saber, os conceitos sobre a natureza do Universo, a realidade última, a natureza do ser humano, o que é certo e errado, e o propósito e significado da vida. Os pressupostos por meio dos quais enxergamos os textos bíblicos são aspectos de nossa cosmovisão. Quem não compreende corretamente a resposta a essas grandes questões segundo a cosmovisão bíblica lerá a Bíblia a partir de pressupostos errados, mesmo que não queira. O resultado dos pressupostos errados sobre as grandes questões será exegese errada ao interpretar versículos sobre as questões menores.

Em outras palavras, a interpretação correta de passagens sobre como devemos agir, enquanto homens e mulheres, depende de compreendermos corretamente o que nós somos e, mais ainda, o que Deus é. Em toda cosmovisão, o fazer é o resultado do ser. Assim, para entendermos corretamente o significado dos versículos sobre o que *devemos fazer* no mundo, teremos que entender corretamente *a natureza* do mundo. Portanto, começamos agora com a questão da natureza do Universo em si.

---

24 A doutrina da inerrância afirma que a Bíblia foi inspirada por Deus verbal e plenamente em seu texto original, de modo que ela é verdadeira em tudo que afirma como verdade. Para uma defesa mais abrangente, o leitor pode consultar MYATT e FERREIRA, *Teologia sistemática,* capítulo 4. Minha Teologia da inerrância exposta na obra *Teologia sistemática* permanece a mesma até hoje.

25 Esta seção é uma versão condensada e revisada de meu artigo "Hierarchy and the Biblical Worldview", *Priscilla Papers*. v. 38, n. 2, (Christians for Biblical Equality, Spring 2024): 3-7. Disponível em: https://cutt.ly/hrpubDjS (site em inglês, acesso em 24/03/2025).

Os complementaristas também entendem a importância da natureza do mundo. Para eles, o alicerce do papel subordinado da mulher é a ordem da criação. Para eles, liderança masculina faz parte da estrutura do cosmos como foi criado por Deus. Essa estrutura é uma hierarquia divinamente ordenada entre todas a criaturas, sendo que cada uma delas opera segundo a sua natureza. Elisabeth Elliot descreve isso como,

> uma gloriosa ordem hierárquica de esplendor gradual, começando com a Trindade, descendo através de serafins, querubins, arcanjos, anjos, homens e todas as criaturas menores, uma poderosa dança universal, coreografada para a perfeição e realização de cada participante.[26]

Conforme se vê na declaração abaixo, o complementarismo assevera que a hierarquia é essencial na cosmovisão bíblica:

> Que o universo deve ser ordenado em torno de uma série de relações hierárquicas acima/abaixo é Sua (Deus) ideia, uma parte de Seu projeto original.
>
> Os tradicionalistas acreditam que estes pressupostos sobre a natureza fundamental das coisas no universo fazem parte inextricável do ensino da Bíblia. Eles dão força e coerência ao Antigo e ao Novo Testamento como as barras de aço que amarram o concreto armado. Longe de ser algo estranho à Palavra de Deus, como se fossem excesso de bagagem que poderia ser descartado sem perder a verdade essencial das Escrituras, essas ideias são a verdade essencial das Escrituras. Rejeitá-las é rejeitar a Bíblia.[27]

Deste modo, a hierarquia do Universo é uma ordem divinamente ratificada. Ela encapsula a essência do ser do Universo como Deus a criou. Além disso, para alguns complementaristas a hierarquia na criação reflete a natureza de Deus, pois existe também uma hierarquia de autoridade eterna entre as pessoas da Trindade.[28] Portanto, para os complementaristas, a negação do hierarquismo na Teologia e prática seria pecado. Uma vez que o ensaio

---

26 ELLIOT, Elisabeth. "The Essence of Femininity: A Personal Perspective", in *Recovering Biblical Manhood & Womanhood: A Response to Evangelical Feminism*, ed. John Piper and Wayne Grudem (Wheaton/IL: Crossway, 2006): 394. (Tradução do autor.)

27 LIFTIN, A. Duane. "Feminismo Evangélico: Por que os Tradicionalistas o Rejeitam", in: Bibliotheca Sacra, vol. 136, julho de 1979, p. 267. Disponível em: https://cutt.ly/vrpNAQ3g (acesso em 27/03/2025).

28 GRUDEM, Wayne. "The Key Issues in the Manhood-Womanhood Controversy, and the Way Forward", in: *Biblical Foundations for Manhood and Womanhood*, ed. Wayne A. Grudem, Foundations for the Family Series (Wheaton/IL: Crossway Books, 2002): 48. Grudem diz que a questão envolvendo a Trindade é o centro da controvérsia. A doutrina da Trindade é fora do alcance deste ensaio, mas eu posso dizer que a ideia da subordinação eterna do Filho é um desvio da doutrina ortodoxa bastante preocupante. Felizmente, depois de bastante debate, muitos complementaristas estão abandonando essa ideia. Veja nossa discussão em MYATT e FERREIRA, *Teologia Sistemática,* p. 525-528.

de Elliot foi publicado pelo maior ministério que defende o complementarismo,[29] evidentemente tem seu apoio. Assim, podemos considerar que essa é a opinião da liderança do movimento complementarista.

É importante destacar vários aspectos essenciais desta hierarquia. Em primeiro lugar, nenhum membro da hierarquia pode ter autoridade igual ou superior aos que estão em um patamar superior. A autoridade de Deus sempre é mediada aos entes inferiores através dos entes superiores. Em segundo lugar, os lugares dos entes na hierarquia são imutáveis. A ordem não pode ser modificada. Do mesmo modo, a função e o papel de cada um dependem de seu lugar na hierarquia. Deus capacitou cada um com a natureza adequada somente para cumprir a função designada para seu nível na hierarquia. Portanto, a tentativa de um membro de sair de seu lugar e ficar em um patamar superior é rebelião contra Deus. Tal ato viola a ordem divina com resultados desastrosos. Toda tentativa de cumprir uma função reservada pelos que estão em posições mais altas na hierarquia sempre fracassará.

O livro do ministério Council for Biblical Manhood and Womanhood (CBMW) oferece vários argumentos a favor do hierarquismo. A criação do homem primeiro e da mulher depois em Gênesis 1 e 2, por exemplo, revela uma relação hierárquica de submissão feminina e autoridade masculina. Os dois são criados à imagem de Deus e têm igual valor, mas o homem é a fonte da imagem na mulher, pois a mulher foi tirada de suas costelas. Ele é a fonte do ser da mulher e, assim, tem autoridade sobre ela.[30] O Senhor a criou assim para ser a ajudadora do homem, como uma assistente sob sua direção e supervisão.[31] Além disso, Deus confirmou a hierarquia ao permitir que o homem a nomeasse "mulher", uma vez que, na cultura bíblica, dar nome era o sinal de autoridade sobre a pessoa.[32]

Assim, os complementaristas leem todos os textos do Novo Testamento que tratam do homem e da mulher através das lentes do pressuposto da hierarquia. Isso fica evidente em suas exegeses de textos como 1 Coríntios 11.2-16,

29 *The Council for Biblical Manhood and Womanhood,* (O Conselho para Masculinidade e Feminilidade Bíblicas, ou CBMW).

30 Veja, por exemplo, WARE, Bruce A., "Male and Female Complementarity and the Image of God", in: *Biblical Foundations for Manhood and Womanhood,* ed. Wayne Grudem, Foundations for the Family Series (Wheaton/IL: Crossway Books, 2002), 82.

31 ORTLUND JR, Raymond C., "Male-Female Equality and Male Headship: Genesis 1–3", in: *Recovering Biblical Manhood & Womanhood: A Response to Evangelical Feminism,* ed. John Piper and Wayne Grudem (Wheaton/IL: Crossway, 2006).

32 Ibid., p. 102.

1 Timóteo 2.9-15 e Efésios 5.22 – 6.9. Para eles, a palavra "cabeça" e as ideias de "fonte" e "origem" no Novo Testamento sempre significam uma hierarquia de autoridade.[33] Sendo assim, deixam de considerar qualquer outra possibilidade. Portanto, os papéis de liderança e autoridade pertencem exclusivamente aos homens, seja na igreja, seja no lar. Como já citei, vários complementaristas interpretam a doutrina da Trindade à luz do pressuposto da hierarquia.[34] Embora as pessoas da Trindade sejam iguais na essência divina, eles afirmam que há uma hierarquia de autoridade e submissão eterna, uma cadeia de comando entre elas. Deste modo, as três pessoas são iguais no ser, mas não na função. No complementarismo, a ordem hierárquica abrange a estrutura de tudo que existe, de Deus até os elementos mais básicos da criação. Este é o conceito envolvendo a cosmovisão complementarista, mesmo que ele seja inconsciente. Para avaliar isso, olharemos as origens e o significado da filosofia de hierarquismo à luz da Bíblia.

## As raízes gregas da hierarquia no Ocidente

Um problema central na filosofia grega antiga era a questão de como explicar a unidade e diversidade do Universo. A realidade última é Um ou Múltipla? Essa questão em si já revela um pressuposto equivocado no pensamento grego. Ela pressupõe que o próprio Universo seja a realidade última. Nas religiões antigas, os deuses eram contidos neste Universo, como qualquer outra coisa. Existir significava existir no ambiente do Universo. Este é um pensamento típico das religiões não cristãs. Elas negam que haja uma distinção entre o Criador e a criação. Para elas, o Universo é tudo o que existe, e sua natureza é impessoal.[35]

Neste contexto, o filósofo grego Platão (428/423–348/347 a.C.) argumentava que, por trás de todas as coisas particulares deve existir um princípio de unidade absoluto. Por exemplo, uma ideia universal de "árvore" existe para

33 SCHREINER, Thomas R., "Head Coverings, Prophecies, and the Trinity: 1 Corinthians 11:2–16", in: *Recovering Biblical Manhood & Womanhood: A Response to Evangelical Feminism*, ed. John Piper and Wayne Grudem (Wheaton/IL: Crossway, 2006), 130.

34 Por exemplo, WARE, Bruce A., *Father, Son and Holy Spirit: Relationships, Roles and Relevance* (Wheaton/IL: Crossway Books, 2005).

35 Neste sentido, somente existem duas cosmovisões: a cristã, que mantém a distinção entre Deus e a criação; e a pagã, que aniquila essa distinção. Para uma boa abordagem deste conflito e seus resultados, veja JONES, Peter. *A Ameaça pagã: velhas heresias para uma nova era* (São Paulo/SP: Cultura Cristã, 2002), e JONES, Peter, org. *Bruxaria global: técnicas da espiritualidade pagã e a resposta cristã* (São Paulo/SP: Cultura Cristã, 2011).

unificar e dar sentido a todas as árvores particulares. Os conceitos universais definem a essência pela qual nós podemos identificar as coisas particulares. Para unificar tudo, os universais distintos eram cada vez mais absorvidos em uma unidade absoluta, até que tudo é Um, sem distinção. Assim, o Um é a realidade verdadeira. Mas como explicar as coisas particulares? Os seguidores de Platão responderam com a ideia de hierarquia.

O aluno mais famoso de Platão, Aristóteles (384-322 a.C.), escreveu sobre uma hierarquia entre as várias espécies de animais, bem como entre as relações humanas. Ele acreditava que é justo que algumas pessoas sejam escravas porque algumas são aptas por natureza a servir e outras, aptas a governar. Para ele, "o homem é por natureza superior e a mulher inferior; e um governa e a outra é governada; este princípio, necessariamente, se estende a toda a humanidade".[36] Segundo Aristóteles, masculinidade é plenitude, conhecimento, aquilo que é racional. Ela é ativa e comanda. A natureza feminina é privação, opinião, emoção irracional, passiva, e é criada para obedecer.[37]

O intérprete de Platão, Plotino (204/5-270 d.C.), desenvolveu a hierarquia do Ser em uma cosmovisão mais completa.[38] Neste sistema, o neoplatonismo, o Um é perfeição absoluta, uma unidade sem distinções. A partir dessa unidade, a diversidade descende em uma série de emanações, como os raios do sol. Assim, tudo faz parte de uma escada, ou cadeia de existência, começando do Um e descendo até as partículas mais ínfimas de poeira. A primeira emanação do Um é a mente. Da mente, segue a alma. A alma produz matéria e se une a ela para formar criaturas vivas, a mais elevada das quais é a humanidade. O restante descende em níveis de racionalidade, seguido pelo mundo vegetal e, finalmente, pela matéria não viva. Até as pedras estão dispostas em uma hierarquia, já que o ouro é mais nobre que o chumbo, que, por sua vez, é mais elevado que uma pedra comum. Assim, tudo tem seu devido lugar na hierarquia da ordem criada.[39]

36 ARISTÓTELES. *Política*. Coleção Filosofia, Edição Kindle. (São Paulo/SP: Lebooks Editora, 2019): 21-22, 34.

37 ALLEN, Prudence. *The Concept of Woman: The Aristotelian Revolution 750 B.C.–A.D. 1250.* 2a ed. (Grand Rapids/MI; Cambridge/UK: William B. Eerdmans Publishing Company, 1997): capítulo 2.

38 PLOTINUS. *The Enneads*. Llyod P. Gerson, ed. (Cambridge/UK: Cambridge University Press, 2018). O substantivo "Ser" com "S" maiúsculo significa a ideia de Ser como a realidade última, que ou abrange tudo que existe, ou de Deus como o Ser último e distinto da criação. Com "s" minúsculo significa o ser de coisas individuais.

39 Cf. O'MEARA, Dominic J., "The Hierarchical Ordering of Reality in Plotinus", in: *The Cambridge Companion to Plotinus*, Lloyd P. Gerson, ed. (Cambridge/UK: Cambridge University Press, 1996), and ÇUSCOMBE, D. E., "Hierarchy", in: *The Cambridge Companion to Medieval Philosophy,* A. S. McGrade ed. (Cambridge/UK: Cambridge University Press, 2003.)

No século 5, um autor conhecido como Pseudo-Dionísio[40] criou um sincretismo entre estes conceitos neoplatônicos e a Teologia cristã. Embora ele não fosse o primeiro cristão que tomou emprestada a ideia de hierarquia da filosofia grega, foi ele quem criou a cosmologia hierárquica que se tornou a estrutura para especulações teológicas e filosóficas subsequentes.[41]

No pensamento de Pseudo-Dionísio, o Um se tornou totalmente identificado com o Deus do cristianismo. Assim, de Deus descende a hierarquia dos anjos, os serafins, querubins, tronos, dominações, virtudes e poderes, principados, arcanjos e anjos. Espírito encontra matéria na humanidade, que por sua vez governa a hierarquia de animais, plantas e coisas inanimadas. Em cada uma dessas classes, cada indivíduo tem um lugar designado na hierarquia, subordinado aos que estão acima dele e superior aos que estão abaixo. Qualquer tentativa de sair do lugar divinamente designado na hierarquia perturba a própria ordem da criação.[42]

Tomás de Aquino (ca. 1225-1274 d.C.), um dos teólogos mais influentes na história da Igreja, estudou profundamente Aristóteles e Pseudo-Dionísio, integrando suas ideias em uma síntese teológica sofisticada que moldou a base da Teologia da Igreja Católica Romana. Essa Teologia formou a cosmovisão da cultura ocidental. O historiador Étienne Gilson observou que Tomás de Aquino tomou a hierarquia de Pseudo-Dionísio e preencheu os detalhes.[43] Para Pseudo-Dionísio, cada indivíduo na cadeia do Ser era inferior em sua participação nas qualidades, ou seja, no ser da coisa no nível acima e, assim, mais distante de Deus.[44] Esta hierarquia do Ser é como uma cadeia que se estende de Deus, através de numerosas fileiras de anjos, seres humanos em várias posições sociais, e os animais inferiores. Embora a hierarquia seja, em certo sentido, uma escada para Deus, como nós vimos, cada criatura teve que permanecer em seu lugar designado na ordem criada.[45]

40 Ele é conhecido por esse nome porque, embora tenha adotado o nome de Dionísio, o Areopagita, mencionado em Atos 17, não se trata do mesmo indivíduo. Pseudo-Dionísio, como é chamado, utilizou esse nome em seus escritos, mas sua verdadeira identidade permanece desconhecida.

41 Por exemplo, Gregório de Nissa e Agostinho. Veja BIRJUKOV, Dmitry. "Hierarchies of Beings in the Patristic Thought: Gregory of Nyssa and Dionysius the Areopagite", in: *The Ways of Byzantine Philosophy.* Mikonja Knežević, ed. (Alhambra/CA: Sebastian Press, 2015), 71-88, e FORMIGARI, Lia. "Chain of Being", in: *Dictionary of the History of Ideas*, vol 1., Philip P. Weiner, ed. (Nova York/NY: Charles Scribner's Sons, 1973), 326.

42 PSEUDO-DIONYSIUS the Areopagite, "A Hierarquia Celestial" e "A Hierarquia Eclesial", in: *The Works of Dionysius the Areopagite*, vol. 2. (Londres; Oxford/UK: James Parker and Co., 1899.)

43 GILSON, Étienne. *The Philosophy of St. Thomas Aquinas.* (St. Louis/MO: B. Herder Book Co., 1924): 274-275.

44 Ibid., p. 196.

45 Ibid., p. 154-157, 272.

Assim, através dos séculos desde Platão, o hierarquismo ficava cada vez mais enraizado na estrutura da sociedade da Europa. O homem medieval entendeu o Universo como uma Grande Cadeia do Ser, imutável, que orientava todos os aspectos da sua vida. O historiador Arthur Lovejoy mostrou em seu estudo clássico, *A Grande Cadeia do Ser*, que isso foi uma das ideias mais influentes no desenvolvimento da cosmovisão ocidental.[46]

A sociedade dos reinos feudais, que surgiram após a dissolução do império romano, seguiu a estrutura da Cadeia do Ser. A hierarquia teórica de Pseudo-Dionísio se manifestou em hierarquias na Igreja (Papa, Arcebispos, Bispos, Padres, Leigos), no Estado (rei, os nobres, como duques, condes, etc., cavaleiros, camponeses) e na família (marido, esposa, crianças, servos, escravos).[47] A ideia permeava tanto a sociedade que é impossível ler a literatura clássica da cultura ocidental sem observar as referências à Grande Cadeia do Ser. E. M. W. Tillyard trata do conceito em *The Elizabethan World Picture*, um livro projetado para dar ao leitor de William Shakespeare o pano de fundo necessário para entender suas obras. Ele observa:

> A cadeia se estendia do pé do trono de Deus até o mais minúsculo dos objetos inanimados. Cada partícula da criação era um elo na cadeia, e cada elo, menos aqueles nas duas extremidades, era simultaneamente maior e menor do que outros: não poderia haver lacuna.[48]

Como exemplo típico, Tillyard cita um trabalho influente escrito em 1.400 d.C. sobre lei natural:

> Nesta ordem, o anjo é colocado sobre o anjo, fileira sobre fileira no reino dos céus; o homem é posto sobre o homem, o animal sobre o animal, a ave sobre a ave, e o peixe sobre o peixe, sobre a terra, no ar e no mar; de modo que não há verme que rasteje sobre a terra, nem ave que voe para o alto, nem peixe que nada nas profundezas, que a corrente desta ordem não liga na mais harmoniosa concórdia.[49]

---

46 LOVEJOY, Arthur O. *A grande cadeia do ser: um estudo da história de uma ideia.* (São Paulo/SP: Editora Palíndromo, 2005). Em alguns autores, o conceito é chamado de "A Grande Corrente do Ser".

47 MAGEE, Bruce R., "The three estates and their potential vices", in: *Course notes for English 201*, (Louisiana State University, 2008). Publicado inicialmente no site da Louisiana Tech University, site descontinuado.

48 TILLYARD, E. M. W. *The Elizabethan World Picture.* Edição Kindle. (Abington/UK, Taylor and Francis): 26.

49 FORTESCUE, Sir John. *Works. Volume 1*, Lord Clermont, ed. (Londres/UK, 1869): p. 322, citado em TILLYARD, p. 27.

As coisas correm bem quando cada coisa permanece em seu devido lugar, cumprindo sua função divinamente ordenada. Dessa forma, embora as coisas mais altas na cadeia tenham maiores graus de nobreza e uma maior participação no Ser, todas as coisas têm valor. Cada elo na cadeia é igualmente necessário para manter o equilíbrio da criação. Qualquer elo da cadeia que não faz o trabalho adequado à sua natureza perturba a ordem da criação com resultados desastrosos.[50]

Um exemplo de como a Grande Cadeia do Ser deu estrutura à história bíblica é o poema influente, *Paraíso Perdido,* de John Milton. Milton conta que o pecado de Lúcifer foi sair do seu lugar e, assim, quebrar a Cadeia na tentativa de derrubar Deus de seu trono e ascender ao seu lugar. Mais tarde no poema, a estrutura de autoridade de Deus sobre o homem, sobre a mulher e sobre os animais foi rompida quando Eva também tentou ascender ao nível de Deus, submetendo-se ironicamente à direção da serpente. Ela comeu do fruto proibido e o deu ao seu marido. Ele rompeu a cadeia ao concordar com a liderança da mulher e aceitar o fruto da mão dela. Através desta sequência de rupturas na Cadeia do Ser, o mal entrou na criação, com todas as suas desgraças.[51]

## *Evangélicos e a Cadeia do Ser*

Na época da Reforma Protestante, a ideia de hierarquia estava tão profundamente enraizada na cultura europeia que era amplamente aceita como um fato incontestável.[52] Nunca ocorreu aos reformadores questioná-la. A hierarquia era praticamente o ar que eles respiravam. Nesse ambiente, João Calvino (1509-1564) escreveu que Paulo proibiu que uma mulher ensinasse na igreja porque ela "por natureza (isto é, pela lei ordinária de Deus) é formada para obedecer". Ele empregou a linguagem da Cadeia do Ser para afirmar que as mulheres "devem se manter dentro de sua própria posição", claramente abaixo da posição dos homens.[53] Assim, Calvino situou as mulheres firmemente dentro da Cadeia do Ser. O homem é preeminente sobre a mulher,

50 TILLYARD, *The Elizabethan World Picture,* p. 93-94.

51 MILTON, John, *Paradise Lost in English Minor Poems; Paradise Lost; Samson Agonistes; Areopagitica*, ed. Mortimer J. Adler e Philip W. Goetz, 2ª ed., vol. 29, Great Books of the Western World (Chicago/IL: Encyclopædia Britannica, Inc.; Robert P. Gwinn, 1990), Books IX and X. Bruce R. Magee, "Milton", in: *Course notes for English 201*, Louisiana State University, 2008. Publicado inicialmente no site da Louisiana Tech University, site descontinuado.

52 Ibid.

53 João Calvino. *Commentary on 1 Timothy,* 2:12.

que é "inferior em posição", uma vez que ela foi criada para o homem. A mulher deve ser inferior e sujeita ao homem porque ela "deriva sua origem do homem" e a coisa produzida deve estar sempre sujeita à coisa que a causa.[54] Essa concepção ecoa o neoplatonismo, que descreve a emanação dos elementos inferiores a partir dos superiores.

Eu não creio que Calvino estivesse conscientemente aplicando as ideias de Pseudo-Dionísio em sua exegese. Contudo, a Cadeia do Ser estava tão enraizada na cultura que tudo, incluindo as Escrituras, era visto através de suas lentes. Apesar de rejeitar a autoridade da hierarquia católica romana, Calvino e os outros reformadores não questionaram as hierarquias da ordem política e social. As mulheres permaneceram firmemente em seu lugar abaixo dos homens na Grande Cadeia do Ser.

A influência da Cadeia do Ser na Europa continuou nos séculos seguintes e se tornou um instrumento brutal de colonização do novo mundo. O historiador Winthrop Jordon observou que a crença na Cadeia do Ser era difundida nas Américas durante os anos 1700.[55] Era uma ferramenta conveniente para classificar os africanos abaixo dos europeus, logo acima dos macacos, e justificar a sua escravidão. Para muitos líderes evangélicos daquela época, a Cadeia de Ser se tornou a base da interpretação da Bíblia contra as leituras igualitárias dos abolicionistas.[56] A tensão na mente dos cristãos que não conseguiram evitar o fato de que os africanos são seres humanos foi resolvida por meio da afirmação de que os negros são iguais aos brancos espiritualmente, mas funcionalmente subordinados.[57]

Entre os teólogos evangélicos que defendiam a escravidão, talvez o mais importante tenha sido o presbiteriano Robert Lewis Dabney (1820-1898), professor no Seminário Union em Richmond, Virgínia. Para Dabney, o estado natural do homem é subordinação.[58] Assim, as raças e classes de pessoas inferiores nas qualidades de inteligência, conhecimento, virtude, moralidade,

54 João Calvino. *Commentary on 1 Corinthians.* 11:8

55 JORDAN, Winthrop D. *White Over Black: American Attitudes toward the Negro, 1550-1812* (Omohundro Institute of Early American History and Culture and the University of North Carolina Press): 483.

56 SCANZONI, Letha. "The Great Chain of Being and the Chain of Command", in: *The Reformed Journal,* vol 26, nº 8, outubro 1976. 14-16, 16.

57 JORDAN, Winthrop D. Jordan. *The White Man's Burden: The historical origins of racism in the United States.* Ed. Kindle. (Nova York/NY: Oxford University Press, 1974): 1153-1182.

58 DABNEY, Robert L. *Discussions by Robert Lewis Dabney: Secular*, ed. C. R. Vaughan, vol. 4 (Cidade do México/MX: Crescent Book House, 1897): 495.

não são capazes de se governar. Elas devem ser governadas pela raça "mais nobre."[59] O negro, segundo Dabney, é selvagem por natureza e, assim, para o bem-estar de todos, ele deve ser escravo.[60] As pessoas, por natureza, merecem e devem permanecer nos seus lugares na hierarquia da sociedade.[61] Mesmo sendo seres humanos iguais, cada pessoa tem sua função que ela somente pode realizar no lugar ordenado por Deus.[62]

Dabney asseverou que rejeitar a escravidão significa rejeitar também a autoridade da Bíblia.[63] A exegese das Escrituras pelos abolicionistas, segundo ele, era "sustentada apenas por perversões imprudentes e licenciosas do significado do texto sagrado."[64] O abolicionismo não tem respaldo bíblico, Dabney declarou, mas que era fruto da filosofia do Iluminismo, o ateísmo que foi a fonte da revolução e do reino de terror na França.[65] Para ele, o abolicionismo necessariamente desembocaria na negação da autoridade e inerrância da Bíblia.[66]

O paralelo entre estes argumentos a favor da escravidão e os argumentos a favor da subordinação da mulher não é acidental. No mesmo artigo contra o abolicionismo, Dabney defendeu a subordinação das mulheres contra o movimento feminista do século 19. Para ele, existia um vínculo forte entre os dois. Tanto a subordinação do negro quanto a subordinação da mulher dependiam da doutrina de uma hierarquia divinamente ordenada na estrutura da criação, ou seja, a Grande Cadeia do Ser. Derrubar a Cadeia no caso de um, significa derrubar a Cadeia em tudo. Assim, Dabney afirma que o resultado de libertar os escravos e lhes dar o direito do voto seria também dar estes direitos às mulheres.[67] Mas, para ele, isso seria um desastre, pois as mulheres "são naturalmente mais emocionais [...] mais impulsivas [...] menos lógicas [...] mais sujeitas ao contágio de paixões epidêmicas..."[68] Em outras palavras, não são aptas, por natureza, para cumprir as funções de liderança.

59 DABNEY, Robert L. *A Defence of Virginia, and through Her, of the South, in Recent and Pending Contests against the Sectional Party* (Nova York/NY: E. J. Hale & Son, 1867): 281.
60 Ibid., p. 255-256.
61 Ibid., p. 103.
62 DABNEY, *Discussions by Robert Lewis Dabney*, p. 501.
63 DABNEY, *A Defence of Virginia*, 26.
64 Ibid., p. 21.
65 Ibid., p. 6, 21-22.
66 Ibid., p. 193.
67 DABNEY, *Discussions by Robert Lewis Dabney*, p. 491.
68 Ibid., p. 500.

Portanto, na igreja "as mulheres são aqui consignadas a uma subordinação social e expressamente excluídas dos cargos de governo, por causa de seu sexo, e de uma ordenação divina".[69] A função da mulher era definida pelas deficiências que possui em seu ser.

É interessante notar que a visão de hierarquia da Grande Cadeia do Ser é igual à cosmovisão hierárquica de Elisabeth Elliot. De fato, os argumentos a favor do complementarismo são bem parecidos aos que eram empregados para defender a hierarquia na sociedade, incluindo a escravidão, desde a época medieval até o século 20. De modo geral, existe uma diferença estabelecida por Deus na essência dos inferiores que justifica a subordinação funcional à autoridade de uma classe superior. Quem se coloca contra isso também rejeita as Escrituras e a ordem da criação decretada por Deus.

## *A Grande Cadeia do Ser e a Bíblia*

A ideia da Grande Cadeia do Ser é tão comum nas culturas e religiões não cristãs que o antropólogo Louis Dumont chamou a raça humana de "*Homo Hierarchicus*".[70] Atualmente, encontramos uma hierarquia do Ser nas religiões orientais, no animismo das religiões tribais, nos vários tipos de espiritismo, na cosmovisão da Nova Era, e em outras expressões do ocultismo. A hierarquia também era onipresente nas religiões das nações do Oriente médio antigo, ao redor de Israel. Portanto, uma comparação entre os seus mitos de criação e a história da criação no Antigo Testamento deve nos ajudar a analisar o assunto. Para nosso estudo, examinaremos a cosmovisão do Egito antigo.

Na mitologia do Egito antigo o Ser original, a realidade última era "o Abismo Primordial de águas (que) estava em toda parte, estendendo-se infinitamente em todas as direções. [...] tudo era escuro e sem forma".[71] Eles nomearam as águas de Nu ou Nun. Isso foi "a matéria básica do universo impessoal" da qual a consciência pessoal surgiu.[72] "O Nun, porém, não era tanto uma substância primária ou forma de matéria, mas um símbolo mítico

69 Ibid., p. 499.
70 DUMONT, Louis. *Homo Hierarchicus: The Caste System and Its Implications*. 2ª ed. (Chicago/IL: University of Chicago Press, 1981.)
71 CLARK, R.T. Rundle. *Myth and Symbol in Ancient Egypt*. (Londres/UK: Thames and Hudson, 1991): 35.
72 Ibid., p. 36.

da realidade abstrata do pleno potencial do ser".[73] Representava o Ser eterno e que abrange todas as coisas.

Os deuses do Egito não eram eternos, mas tinham uma origem. Dentro do Nun sem forma e caótico, o primeiro deus, Atum (Re, Amun ou Ptah), emergiu, separando a si mesmo das águas.[74] Os demais deuses também emanaram desse Ser impessoal e original, cada um sendo criado pelos deuses superiores, geralmente através de procriação sexual. Assim, formou-se uma comunidade de deuses, com um rei e uma estrutura hierárquica.[75]

Um aspecto importante na cosmovisão do povo do Antigo Oriente Próximo, como os egípcios, era a falta de interesse nas questões abstratas de essência e natureza que eram centrais para os gregos. Os egípcios não faziam uma distinção entre ser e fazer, essência e função. Para eles, a função era a essência. As coisas, incluindo as pessoas divinas e humanas, eram definidas pelo que faziam.[76] Portanto, no contexto do mundo antigo ao redor dos hebreus, falar sobre alguém como sendo igual em essência, mas subordinado em função, não faria sentido algum. A essência era igual ao fazer.

A adoração dos corpos celestes era uma parte significativa da vida dos egípcios. Eles não viam o sol, a lua, as estrelas e os planetas como objetos físicos, mas como divindades. Eles não acreditavam, e nem teriam entendido a ideia de uma distinção entre o Criador e a criação. Para eles, o divino permeava tudo que existe: "O Sol é a manifestação do deus e a expressão de seus atributos. O deus é o poder por trás do Sol".[77] Uma vez que eram deuses, os luminares celestiais controlavam o destino dos seres humanos. Por isso, os egípcios viviam no temor deles, oferecendo sacrifícios para apaziguá-los, e praticando adivinhação e astrologia para saber o que deviam fazer.

Segundo a cosmovisão egípcia, os deuses criaram os seres humanos a partir de "ingredientes divinos" com o propósito de serem seus escravos para servir às suas próprias necessidades.[78] Os deuses do Egito ordenaram a sociedade humana conforme o modelo hierárquico da assembleia divina.

73 TOBIN, Vincent Arieh. *Theological Principles of Egyptian Religion*. (Nova York/NY: Peter Long, 1989): 60.

74 MILLER, Johnny V. e SODEN, John M. *In the Beginning ... We Misunderstood: Interpreting Genesis 1 in Its Original Context*. (Grand Rapids, MI: Kregel Publications, 2012): 78.

75 WALTON, John H. *O pensamento do antigo Oriente próximo e o Antigo Testamento: introdução ao mundo conceitual da Bíblia hebraica*. (São Paulo/SP: Vida Nova, 2021): 94-104.

76 Ibid., p. 125.

77 Ibid., p. 111, 256.

78 Ibid., p. 338, 354.

A hierarquia divina correspondia à dos humanos em suas várias classes sociais.[79] A hierarquia do cosmos começou no Um (Nun) e descendeu como uma cadeia de continuidade entre os seres divinos e humanos, anulando a distinção entre Criador e criação. As pessoas da classe alta adoravam os deuses superiores e as das classes baixas adoravam os deuses inferiores na hierarquia divina.[80] Todos, tanto os deuses quanto os humanos, tinham seu lugar na ordem da criação. Como no caso dos deuses, a essência e identidade de cada pessoa era igual ao seu papel na hierarquia.[81]

Os paralelos evidentes entre estes mitos e Gênesis 1 e 2 sugerem que o autor conhecia bem a cosmovisão egípcia.[82] As diferenças, porém, mostram que o autor de Gênesis não estava tomando emprestada a mitologia do Antigo Oriente Próximo para reproduzir uma história mais ou menos semelhante, pelo contrário, Gênesis é um ataque frontal à cosmovisão egípcia, invertendo completamente seu relato da criação.[83] Gênesis revela que o Deus infinito, pessoal e autocontido não surgiu das águas primordiais, impessoais e caóticas como na visão egípcia. Deus já existia antes, pois ele mesmo criou as águas primordiais do nada.[84] A ideia de uma cadeia hierárquica do Ser, que emana da realidade última — seja de Deus, seja do Um impessoal — é decisivamente rompida por Gênesis 1.1.

O autor de Gênesis continuou sua refutação da cosmovisão egípcia nos versículos seguintes, revelando que o sol, a lua e as estrelas não são seres vivos, muito menos divinos. Asseverando que os luminares celestiais são criaturas limitadas, o autor novamente contradiz frontalmente a mitologia do Egito antigo.[85] Eles são apenas objetos físicos que Deus criou para servir

79 ARMOUR, Robert A. *Gods and myths of ancient egypt*. (Cairo/EG: American University in Cairo Press, 1986), 18, 20. KAMRIN, Janice. *The Cosmos of Khnumhotep II at Beni Hasan*. (Londres/UK and Nova York/NY: Kegan Paul International, 1999): 7.

80 Walton, *O pensamento do antigo Oriente próximo e o Antigo Testamento*, p. 204.

81 Ibid., p. 341.

82 Se Moisés fosse o autor, como a tradição afirma, o conhecimento da cosmovisão egípcia evidente em Gênesis não seria difícil de explicar. Criado no lar do Faraó, Moisés teria estudado desde a infância com os sacerdotes e eruditos da religião do Egito.

83 PETERSON, Brian N., "Egyptian Influence on the Creation Language in Genesis 2", in: *Bibliotheca Sacra* 174, no. 695 (2017): 289–290. CURRID, John D. *Against the Gods: The Polemical Theology of the Old Testament*. (Wheaton/IL: Crossway, 2013): 36ff. HAMILTON, Victor P., "The Book of Genesis, Chapters 1–17", in: *The New International Commentary on the Old Testament*. (Grand Rapids/MI: Wm. B. Eerdmans Publishing Co., 1990.)

84 Veja CRAIG, William Lane e COPAN, Paul. *Creation Out of Nothing: A Biblical, Philosophical and Scientific Exploration*. (Grand Rapids/MI: Baker Academic, 2004.)

85 HASEL, Gerhard F., "The Polemical Nature of the Genesis Cosmology", in: *The Evangelical Quarterly*, Vol. XLVI No.2. April-June 1974, 89.

às necessidades da humanidade, não o inverso. Portanto, eles não têm poder sobre os seres humanos e o temor dos luminares não tem fundamento. Além disso, Gênesis 1 inverteu a ordem em que os luminares foram criados na mitologia egípcia e, assim, derrubou a hierarquia do ser divino.[86]

Da mesma forma, em Gênesis 1 e 2 a criação dos animais e plantas não retrata a formação de uma hierarquia ligada por graus de participação no Ser de Deus. Deus criou cada um distintamente segundo a sua própria espécie. Em contraste com a religião dos egípcios e a filosofia grega, há uma descontinuidade de ser entre Deus e cada espécie, sem qualquer indício de uma cadeia de ser.

A única hierarquia presente em Gênesis 1 e 2 é a de Deus sobre os seres humanos (masculino e feminino) e a dos seres humanos (masculino e feminino) sobre o restante da criação. Ao contrário da Cadeia do Ser, não há continuidade do ser entre os três. Deus é distinto dos seres humanos em seu Ser. Ele os criou à sua imagem, mas não segundo a da essência divina. Feitos a partir do barro, o homem e a mulher são distintos de Deus. Feitos à imagem de Deus, eles são distintos dos animais. Da mesma forma, não há hierarquias indicadas dentro das três categorias do divino, do humano e do restante da criação. O Ser divino é pessoal e um, não uma hierarquia de deuses finitos como no politeísmo egípcio.[87] Os humanos são criados iguais, tanto homens quanto mulheres, sem qualquer indício de prioridade ou autoridade dada a um gênero ou outro. Ambos são iguais recipientes do mandamento de domínio sobre a terra (Gn 1.28).

Nosso estudo de Gênesis 1 e 2 em seu contexto cultural e histórico mostra que o hierarquismo não é compatível com a cosmovisão bíblica cristã. A ordem de criação não é hierárquica. Portanto, as hierarquias sociais, seja na família, seja na igreja ou na sociedade, não têm respaldo na ordem da criação. Apesar das negações dos complementaristas de que o hierarquismo não é uma intrusão do paganismo neoplatônico em sua teologia, nosso estudo mostrou que, na verdade, é exatamente isso que ocorre.[88] A fonte das hierarquias é a filosofia da Grande Cadeia do Ser, cujas raízes estão na cosmovisão pagã da Grécia antiga. Tendo em vista que a Bíblia é a Palavra inerrante de Deus e que Deus não pode se contradizer, é impossível que a Bíblia contenha

86 HAMILTON, "The Book of Genesis, Chapters 1–17", p. 128.
87 A revelação de que Deus é Trino somente vem no Novo Testamento.
88 LIFTIN, "Feminismo Evangélico", p. 267.

versículos que apoiem uma hierarquia de autoridade masculina e subordinação feminina. Mas, como vimos, os complementaristas continuam a citar Gênesis 1 e 2 em defesa da hierarquia na ordem da criação. Antes de concluir, abordarei mais alguns pontos sobre isso.

A criação do homem antes da mulher não sustenta a ideia de hierarquia. Se sustentasse, os animais deveriam ter autoridade sobre os seres humanos, já que foram criados primeiro. Em contrapartida, no Antigo Testamento, há vários exemplos de filhos primogênitos que receberam menos prioridade do que seus irmãos mais novos.[89] Evidentemente, a qualidade de ser mais velho não é necessariamente relevante para estabelecer autoridade na Bíblia.

Além disso, a linguagem de Gênesis contradiz a ideia de que "ajudadora" significa subordinação. A palavra hebraica traduzida como "ajudadora", *ezer*, não tem a mesma conotação da palavra em português "ajudadora". A palavra *ezer* ocorre no Antigo Testamento para descrever alguém superior que vem em socorro de uma pessoa necessitada. Quase sempre Deus é o ajudador.[90] Se nós interpretássemos *ezer* no sentido mais literal, teríamos de inverter a hierarquia entre homens e mulheres. Deste modo, uma hierarquia masculina não é opção em Gênesis 2. Em vez de ser uma assistente, o texto bíblico afirma que a mulher foi criada como "'uma força/poder equivalente a ele', igualmente capaz de cumprir o mandato criacional atribuído à humanidade".[91]

O argumento de que a mulher deve estar sob autoridade masculina porque foi criada a partir do homem revela uma clara influência da cosmovisão pagã. Na Grande Cadeia do Ser, os elos superiores são a fonte dos elos inferiores, formando uma continuidade do Ser que se estende de Deus até o elo mais baixo. A interpretação do homem em Gênesis 2 e 1 Coríntios 11 como sendo a fonte da mulher em uma hierarquia a trata como se fosse uma emanação do homem na Cadeia do Ser. Isso é exatamente o que o complementarismo faz.[92] Contudo, em Gênesis 2, a mulher é criada a partir do lado do homem, e não

89 CONWAY, Mary L., "Gender in Creation and Fall: Genesis 1–3", in: PIERCE, Ronald W. e WESTFALL, Cynthia Long (ed.). *Discovering Biblical Equality: Biblical, Theological, Cultural & Practical Perspectives*, 3ª ed. (Downers Grove/IL: IVP Academic, 2021): 42.

90 "Quanto à fonte da ajuda, esta palavra é geralmente usada para designar ajuda divina, particularmente nos Salmos (Cf. Sal 121.1-2), que inclui tanto a ajuda material quanto a espiritual." SCHULTZ, Carl, "1598 עָזַר", in: HARRIS, R. Laird, ARCHER JR, Gleason L. e WALTKE, Bruce K. *Theological Wordbook of the Old Testament*. (Chicago/IL: Moody Press, 1999): 661.

91 CONWAY, "Gender in Creation and Fall: Genesis 1–3", p. 42.

92 WARE, "Male and Female Complementarity and the Image of God", p. 91–92.

de seus pés. Em 1 Coríntios 11, Paulo destaca a mutualidade entre ambos, observando que, embora a mulher tenha vindo do homem, agora a fonte do homem é a mulher. Paulo conhecia a filosofia grega, mas aqui ele rejeitou sua cosmovisão hierárquica.

O argumento de que o homem deve ter autoridade sobre a mulher porque ele lhe deu nome também é equivocado. O ato de nomear uma pessoa não necessariamente significava autoridade.[93] Mesmo que significasse, quando o homem reconheceu sua companheira com o apelido "mulher", ele não estava lhe dando um nome. Ele simplesmente empregou a forma feminina da palavra "homem" no hebraico, não para defini-la, apenas para reconhecer o que ela já era. Foi somente após a queda, quando o pecado entrou no mundo e afetou o relacionamento entre os dois, que Adão impôs o nome "Eva" a ela.

## *Considerações finais*

O retrato do mundo, conforme a história da criação em Gênesis, revela um mundo criado por Deus do nada, distinto do seu próprio Ser. Deus é a Referência Suprema, a realidade última, enquanto o Universo é uma criatura finita e dependente. Deus criou os seres humanos, homem e mulher, à sua imagem, e lhes deu o mandato de exercer domínio sobre o mundo como mordomos. Toda a linguagem do texto bíblico apoia a igualdade entre homem e mulher em sua autoridade e responsabilidades quanto à criação.

Não obstante, as diferenças biológicas entre os dois também refletem outras diferenças importantes. De forma alguma o homem e a mulher são intercambiáveis. Deus criou a mulher igual, mas também diferente em alguns aspectos, para atender a necessidades que o homem não poderia satisfazer sozinho no casamento e na criação de filhos. Casamento bíblico representa unidade e diversidade, igualmente necessárias. Deste modo, crianças precisam de pai e mãe igualmente. Nem o homem nem a mulher podem substituir um ao outro. No entanto, essas diferenças não implicam uma hierarquia de autoridade.

O complementarismo, logicamente, não pode evitar a diminuição da mulher, não apenas em autoridade, mas também em sua essência como ser humano. Os complementaristas criticam essa lógica, afirmando que as mulheres são iguais em valor e essência, mas subordinadas em função. Entretanto, a

93 CONWAY, "Gender in Creation and Fall: Genesis 1–3", p. 48.

base da subordinação não é uma qualidade temporária ou meramente contextual. Por exemplo, um trabalhador está sob a autoridade do dono da empresa enquanto estiver em serviço, pois o proprietário tem o direito de gerenciar o que lhe pertence. O relacionamento é contratual, e não hierárquico. O dono tem autoridade limitada. Contudo, a única base da subordinação da mulher no complementarismo é o fato de que ela é fêmea. A subordinação se dá com base em sua natureza essencial. Em outras palavras, a natureza da mulher carece das qualidades necessárias para liderar, pregar e ensinar. Sua função é limitada porque sua essência é considerada deficiente.

No ensino de Gênesis, a subordinação feminina entra no mundo pela primeira vez como resultado da queda (Gn 3.16). A hierarquia masculino-feminino surge aqui não como a ordenança de Deus na criação, mas como um resultado devastador da maldição proveniente pecado. O pecado inverteu a ordem da criação, destruindo o relacionamento mútuo entre homem e mulher. Desde a queda, o hierarquismo tem sido uma lente distorcida pela qual a mente decaída enxerga o mundo. É uma lente que obscurece a realidade e elimina a distinção entre Criador e criatura, colocando Deus acima de uma hierarquia de Ser que se desdobra através de emanações na criação. Isso confunde a natureza divina com a criação e dá licença à busca rebelde do homem por ascender à divindade. Essa Cadeia do Ser aliena a humanidade da criação, transformando seu domínio como mordomo em uma exploração abusiva de pessoas e em destruição ambiental. A Cadeia do Ser é a origem das hierarquias de poder como raça, casta, classe e gênero. É a antítese da *koinonia*, do amor incondicional, que é o dever do cristão.

Diante da incompatibilidade entre a Grande Cadeia do Ser e a cosmovisão bíblica, concluo que a hierarquia não é um conceito viável para interpretar as Escrituras. Uma hermenêutica bíblica deve ser uma *hermenêutica de cosmovisão*. Textos difíceis e debatidos, como 1 Coríntios 11.2-16, 1 Timóteo 2.11-16 e Efésios 5.21-33, não podem contradizer os pressupostos mais básicos da cosmovisão bíblica estabelecida em Gênesis. Pelo contrário, uma interpretação correta desses versículos deve apoiar essa cosmovisão. Como a Bíblia, em Gênesis 1 e 2, elimina a possibilidade de uma interpretação hierárquica da criação, é inconcebível que os escritores inspirados das Escrituras quisessem que entendêssemos os versículos debatidos dessa maneira.

Nosso estudo revela que o hierarquismo, em vez de derivar da Bíblia, é fruto de uma cosmovisão não cristã, influenciada pela filosofia grega pagã. Infelizmente, essa doutrina entrou na Igreja e distorceu a leitura da Bíblia, justificando a subordinação feminina, algo contrário à intenção de Deus. Apesar de afirmar que a Bíblia seja sua autoridade final, ao abordar a questão do papel da mulher, a Referência Suprema dos complementaristas é a filosofia da Grande Cadeia do Ser. Mesmo sem querer, eles permitem que sua leitura da Bíblia seja obscurecida por esse conceito antibíblico. Mas ler a Bíblia sem os pressupostos neoplatônicos nos permite perceber que as passagens debatidas subvertem as hierarquias nas relações humanas, apontando de volta ao igualitarismo da ordem original da criação. Que possamos levar isso a sério e banir as hierarquias criadas pelo homem, que perturbam a liberdade de todos os membros do corpo de Cristo.

# 2

# A DANÇA DA PARCERIA NO CASAMENTO

*Clarice Ebert*[94]

A temática da mutualidade será abordada neste capítulo pela perspectiva da parceria no casamento. A dança é utilizada como uma metáfora, que sinaliza a dinâmica interativa conjugal, levando em conta que um casal parceiro partilha da vida e da intimidade em uma experiência que confere o real sentido de estarem juntos. Um casal que não vivencia a dinâmica da parceria e queira evoluir em seu relacionamento provavelmente terá que reorganizar a forma de se relacionar, como se estivesse conhecendo nova música e aprendendo um novo passo de dança que agrade a ambos, possibilite uma sinergia e favoreça o bem-estar conjunto. Ao longo do texto também será enfatizado o entrelaçamento entre a mutualidade do amor, do respeito, do serviço e da edificação, para a vivência de uma conjugalidade mais satisfatória, funcional e saudável.

O entendimento sobre uma dinâmica hierárquica ser incongruente com as Escrituras não será abordado em profundidade neste capítulo, por já ter sido articulado de forma consistente no primeiro capítulo deste livro, no qual o professor doutor em Teologia Alan Doyle Myatt apresenta uma cosmovisão bíblica sobre a mutualidade. Igualmente a perspectiva bíblica sobre o sacerdócio do lar não será explanada, pois no sexto capítulo teremos reflexões

94 Psicóloga (CRP08/14038), terapeuta familiar, especialista em Terapia Familiar e de casais, mestre em Teologia, professora, palestrante e escritora.

propostas pelo teólogo, pastor e professor Claudio Ernani Ebert (in memoriam), que, em vida, se debruçou em estudos sobre o assunto.

Os casos citados como ilustrações são baseados em situações reais, mas apresentados com nomes e detalhes alterados, para preservar o anonimato dos envolvidos.

## Mutualidade e parceria

A abordagem da parceria pode ser aplicada para variados contextos e situações, como para o mundo do trabalho, dos negócios, da política, da arte, da música, da filantropia, da igreja, de uma missão, de um projeto, de um simples trabalho acadêmico ou de um piquenique descontraído no parque entre amigos. O dicionário explica que

> Parcerias são acordos mutuamente benéficos entre duas ou mais partes, com responsabilidades partilhadas aos mais diversos níveis. São relações de colaboração entre entidades para trabalhar em conjunto com vista ao alcance de objetivos comuns através de um acordo entre as partes sobre a divisão de tarefas.[95]

Quando atrelamos o conceito de mutualidade e parceria ao casamento, brindamos a vida conjugal com possibilidades de vínculo e conexão mais saudáveis, favorecendo a vivência de um amor verdadeiro e profundo do casal.

A mutualidade, conforme o professor Carlos José Hernández[96], é muito mais do que reciprocidade, cumplicidade ou um acordo entre o casal. Não é apenas amar quando o outro amar em reciprocidade, ter uma cumplicidade em uma ação específica, ou fechar um acordo entre dois sócios conjugais ou administradores de uma república familiar.

A mutualidade permite o encontro entre duas pessoas, em que ambos os cônjuges participam com desejo apaixonado, rendidos a um amor abnegado e um respeito ao sagrado que habita em cada deles.

A parceria se estabelece na mutualidade, na equidade, em que se reconhece a relação de igualdade com o outro. Não é ser do outro, como se fosse

95 *Dicionário do Desenvolvimento*, definição de parcerias. Disponível em: https://cutt.ly/Zrp1RV25 (acesso em 27/03/2025).

96 Uma partilha realizada em conversas com o professor Carlos José Hernández, ao longo da elaboração deste livro.

posse, mas é *estar com* o outro e *ser no* outro. Por isso, uma relação conjugal hierárquica é incompatível com uma relação parceira. Ou é uma, ou é outra.

Na hierarquia facilmente um dos cônjuges tem espaço para ser pessoa, o outro apenas se alinha a ele. A hierarquia se estabelece na medida em que um manda e o outro obedece, um decide e o outro acata, um deseja e o outro satisfaz, um necessita e o outro supre, um caminha e o outro segue, um lidera e o outro executa, um existe e o outro orbita em seu entorno. Na hierarquia as diferenças são repelidas, comumente por meio de muitas brigas e/ou distanciamentos. Um casal que adota uma dinâmica hierárquica, facilmente experimenta na convivência os desconfortos de uma intimidade frágil e restrita.

Já na parceria, ambos os cônjuges têm espaço para existir e "ser pessoa". A parceria se estabelece na liberdade de ambos emitirem assertivamente opiniões, sentimentos, desejos, sonhos, fracassos, discordâncias, frustrações e necessidades, e de participarem das decisões. Na parceria as diferenças são acolhidas e harmonizadas, por meio do diálogo e de atitudes proativas na construção mútua da intimidade. Um casal parceiro partilha da vida, da intimidade, e ambos experimentam o sentido de estarem juntos. Muito diferente de uma ideologia gerencialista, por exemplo.

## Ideologia gerencialista para o casamento

O gerencialismo legitima direitos ao poder, conforme Newman e Clark[97], especialmente ao direito de gerir, construído como necessário para alcançar maior eficiência na busca de objetivos organizacionais e sociais. Para Gaulejac[98], a ideologia gerencialista transforma o indivíduo em recurso, coloca toda a sociedade sob pressão, fazendo da "família uma pequena empresa, encarregada de produzir filhos empregáveis e armá-los para enfrentar a guerra econômica". Segundo o autor, com o capitalismo, as principais características do poder gerencialista estão no seio da família, sendo que esta é vista como uma pequena empresa.

Em uma relação conjugal hierárquica é comum se adotar a ótica gerencialista para o casamento, ou o gerencialismo, ou seja, uma ideia de mercado

97 NEWMAN, Janet e CLARKE, John. *Gerencialismo*. Educ. Real., Porto Alegre, v. 37, n. 2, p. 353-381, maio/ago. 2012, p. 359. Disponível em: https://cutt.ly/Orp0jCGH (acesso em 27/03/2025).
98 GAULEJAC, Vincent de. *Gestão como doença social*. (São Paulo/SP: Ideias & Letras, 2007) 144.

empresarial e corporativista. Assim como em qualquer empresa ou corporação, entende-se por essa perspectiva que no casamento e na família também deveria haver um gestor de equipes. A díade conjugal é vista como uma equipe, na qual um dos cônjuges é designado para gerenciar. É muito comum nas sociedades e em uma ótica complementarista o eleito para essa tarefa ser o marido.

O cônjuge gerenciado passa a valer pelo tanto que oferece ou fornece, sendo muito comum o cônjuge gerente questionar sobre o que estaria ganhando ao manter-se na relação. Para ele, por ser o gerente, seu cônjuge precisa se submeter aos seus comandos, decisões, delimitações e incentivos motivacionais para que seja mantido o bom andamento da casa. Mas o que geralmente acontece é apenas uma validação de que o cônjuge gerente tem primazia em relação ao cônjuge gerenciado no alcance das metas de felicidade expectadas por ele. Por outro lado, o cônjuge gerenciado também espera obter ganhos do cônjuge gerente. Por exemplo, que ele saiba conduzir a equipe conjugal para o sucesso, seja no financeiro, seja no sexual, no bom andamento da casa e igualmente no campo da espiritualidade.

Em um casamento com a ótica gerencialista o que cada um faz ou deixa de fazer é detalhadamente contabilizado. Os cônjuges literalmente adotam uma perspectiva materialista e consumista para seu relacionamento. Ambos se tornam objeto de interesse e de consumo. O outro somente é interessante se agregar algo ou se fornecer consumo adequado, seja de sexo, de dinheiro ou de serviço. Caso contrário, assim como um gerente empresarial pode demitir seu funcionário, o cônjuge gerente poderá descartar o cônjuge gerenciado. Mas, o cônjuge gerenciado, por sua vez, caso considere que o cônjuge gerente não lidera a contento, poderá optar por sair de seu lugar subordinado. O descarte e o abandono, tanto do cônjuge gerente quanto do cônjuge gerenciado, se efetiva em uma separação. No entanto, nem sempre uma ruptura é efetivada pelo divórcio, pois pode acontecer de duas pessoas se separarem relacionalmente, mesmo que permaneçam formalmente no status do matrimônio, seja por qual motivo for.

A lógica de mercado, que traz uma ideologia gerencialista para a relação do casamento não tem respaldo bíblico. A relação de casamento pela perspectiva bíblica é pautada pelo amor, que se efetiva na doação de entrega de um para o outro. Essa é uma condição possível pela mutualidade na parceria conjugal. Óticas gerencialistas e hierárquicas podem ser traumáticas para a vida conjugal, pois não favorecem o vínculo, a conexão e a sinergia.

## A VIDA CONJUGAL NA PRÁTICA

Marcos e Berenice[99] buscaram por um curso de noivos antes de se casarem. Aprenderam conceitos interessantes e relevantes sobre papéis conjugais, intimidade, sexo, finanças, comunicação, educação de filhos, atividades domésticas e ainda outras temáticas relacionadas ao casamento. Como o curso que eles fizeram era ofertado por sua igreja, os conceitos aprendidos estavam recheados de textos bíblicos. Assim, tanto os líderes do curso quanto os casais participantes, incluindo Marcos e Berenice, acreditavam que a abordagem das temáticas propostas no curso tinha respaldo bíblico e se apresentavam como a verdadeira vontade de Deus para o matrimônio.

O casal, após o curso, sentiu-se pronto para a vida conjunta, em plena confiança de que teriam as ferramentas de Deus para experimentar um matrimônio feliz e abençoado. Seu cerimonial de casamento, ao mesmo tempo que teve a marca da simplicidade na decoração, comidas e bebidas, teve a insígnia da sofisticação nos sentimentos de sua alma arrebatada pela paixão, que tanto os atraía para selarem a vida a dois. A presença dos familiares e amigos acrescentou sorrisos e alegrias extras. A bênção do ministro religioso, em seu carisma e afeto pastoral, alimentou a fé de que sua união e aliança estavam para sempre seladas espiritualmente e blindadas de forma indestrutível e inabalável. Ambos partilhavam da sensação de que a plena felicidade havia sido alcançada.

No curso haviam aprendido que o marido deveria ser o líder da esposa e que ela deveria se submeter a ele. Também aprenderam que o marido seria o responsável pelas decisões e se a esposa não concordasse, deveria ser sábia e, de maneira submissa, evitar confrontos e conflitos. Isso significava que não caberia a ela insistir em convencê-lo, mas deveria dirigir-se a Deus em oração pedindo que ele, o Senhor que tudo sabe, orientasse o marido a decidir

99 Caso ilustrativo baseado em situações reais, apresentado com nomes e detalhes alterados para manter o anonimato dos envolvidos.

da maneira mais adequada. Obviamente se ele não ouvisse a orientação de Deus e caso algo desse errado em sua decisão, a responsabilidade seria dele, por ser o "líder", o "cabeça", o "sacerdote do lar", conforme haviam aprendido que seria o papel bíblico do homem no casamento.

Segundo o conteúdo ministrado no curso, a delimitação de papéis hierárquicos deveria ser aplicada em todas as esferas da vida conjunta, seja nas finanças, seja no sexo, nos desejos, nas rotinas, nas atividades domésticas, nas instruções, na educação dos filhos, nos lazeres ou na espiritualidade. Ambos buscavam viver esses conceitos seriamente e inclusive os ensinavam para outros casais na igreja. Como eram um casal comprometido com o que aprendiam na igreja, logo se tornaram líderes do ministério de casais. Dessa forma, além de professores do curso de casais também eram treinadores de outros casais para se tornarem ministradores do curso. De tantos treinamentos que ministraram, eles perderam a conta de quantos casais haviam habilitado para propagarem os mesmos conceitos.

No entanto, algo curioso foi acontecendo no casamento de Marcos e Berenice. Eles foram percebendo ao longo de sua caminhada conjugal que a abordagem aprendida e adotada por eles, que enfatizava um modelo de hierarquia conjugal, fechava as possibilidades de uma comunicação aberta entre eles. Não conseguiam dialogar sobre coisas importantes que requeriam ajustes para a sua convivência. Na área da sexualidade perceberam que não conseguiam lidar com os inúmeros desconfortos que frustravam as expectativas na manutenção de sua atração e desejo. Nas atividades domésticas os acordos não davam certo. Nas finanças foram se dando conta de que as incongruências nas prioridades geravam um caos no orçamento doméstico. As decepções, irritações e feridas foram surgindo e aumentando. Mesmo que fossem fiéis à fórmula adotada para a interação em seu relacionamento, algo não estava funcionando e eles sentiam que estavam se desconectando. Somente conseguiam expor de forma honesta o que pensavam e sentiam ao quebrarem o modelo hierárquico aprendido. Isso acontecia quando já não mais aguentavam engolir quilos e quilos de "sapos indigestos". Então ela saía do lugar de mulher submissa, ele do de líder gerencialista e ambos perdiam o controle em brigas, ofensas e ameaças. Após as brigas, ficavam tão chateados um com o outro que adotavam posturas passivas/agressivas e passavam dias sem se falar e encostar. Somente algumas farpas eram direcionadas por olhares desqualificadores ou por curtas verbalizações acusativas, nos raros encontros pelos corredores da casa. A cama ficava enorme e a intimidade afetiva ficava ferida. Ao se acalmarem e restabelecerem o contato, mesmo fazendo as pazes e ficando tudo bem entre eles novamente, sentiam um desconforto por julgarem ter saído da esfera do que Deus esperava para o seu casamento. Certamente um desconforto pelas ofensas proferidas seria inevitável. Porém, o desconforto experimentado por Marcos e Berenice ia além, pois julgavam terem saído da esfera que haviam adotado e entendido como vontade de Deus para o seu casamento. Arrependidos retornavam para a dinâmica hierárquica como uma conduta de obediência a Deus.

Na dinâmica repetitiva desse casal o desgaste relacional foi se instalando sorrateiramente, o afeto foi ficando restrito, a intimidade foi se ferindo e rompendo, e o diálogo foi se tornando inviabilizado. Assim, mesmo cheios de fé e de boa intenção cristã, em uma disposição de agradar a Deus em sua vida conjugal, vivenciam um casamento altamente disfuncional e desgastante, correndo os riscos de uma separação, efetivada por um divórcio ou não.

## Cansei de ser planta

Na parceria conjugal ambos os cônjuges têm espaço para existir como pessoa e, assim, são aceitos e amados. Uma pessoa somente existe no casamento quando tem espaço para ser, opinar, sentir, decidir e participar em todas as esferas da vida conjunta. Quando um dos cônjuges não tem permissão para participar por inteiro, seja porque o outro é egoísta, narcisista ou psicopata, seja porque o casal tenha adotado uma dinâmica hierárquica e gerencialista para seu relacionamento, poderão surgir sintomas de ordem grave no casamento e na família. Por exemplo, endividamentos, adoecimentos, rompimentos, suicídios, homicídios, filhos envolvidos em promiscuidades, com álcool ou outras drogas, entre outros.

Assim aconteceu com o casamento de Renato e Gláucia[100]. Ele era um pastor muito amado e respeitado pelas pessoas de sua comunidade. Ela era uma

100 Caso ilustrativo baseado em situações reais, apresentado com nomes e detalhes alterados para manter o nonimato dos envolvidos.

esposa de pastor que validava o ministério de seu marido em uma conduta de mulher exemplo de submissão ao marido pastor. No entanto, as coisas entre eles iam de mal a pior. Ela desenvolvera um quadro psiquiátrico grave, ao ponto de emudecer e não ter controle dos esfíncteres. Chegou para terapia psicológica trazida por seu marido, que dizia estar muito preocupado com sua esposa e que ele, no papel de "sacerdote do lar", teria a responsabilidade de cuidar dela e de prover por seu tratamento. Alinhando o tal tratamento que ele viera buscar para sua esposa, ele foi informado pela terapeuta de que teria que participar do processo terapêutico. Relutou um pouco, mas, pelo seu posto de "o cabeça" responsável por sua mulher, acabou concordando. Afinal, se era para o bem dela, ele demonstraria esse amor sacrificial, deixando bem claro sobre o bom marido cristão que era.

Nas primeiras consultas somente ele falava, ela em seu mutismo apenas escutava, pois não conseguia verbalizar sobre o seu caos interior. Ela, arregalando os olhos, estava visivelmente surpresa ao perceber a ousadia da terapeuta em abordar certos assuntos com seu marido. Até aqui não vira ninguém com essa coragem nos aconselhamentos feitos anteriormente.

Certo dia, ela irrompeu na conversa entre o marido e a terapeuta, como quem retorna do mundo dos mortos, e disse "cansei de ser planta". O marido levou um susto. O que isso significaria? Ela continuou em seu desabafo: "Do seu lado eu só posso ser planta e uma planta que não pode crescer e nem florir. Somente você pode. Qualquer movimento meu é podado. Qualquer fala minha é criticada. Meus passos são controlados e minhas falas são cortadas. Não posso participar das decisões. Não posso ter afeto nem do meu gato. As comidas só podem ser feitas do seu jeito. Os filhos aprenderam a me desvalorizar da mesma forma que você me desvaloriza. Nas visitas pastorais, nas quais me permite acompanhar, eu não posso falar. Sou uma planta que você carrega para ter um status de homem casado e respeitável, de pastor validado em sua liderança. Para você parece que está tudo bem assim, mas eu estou morrendo".

O marido ficou perplexo. Toda aquela pompa de "líder conjugal", de "cabeça do casal" e de "sacerdote do lar", havia desfavorecido a relação com sua esposa. Esses títulos conjugais e familiares pareciam validar aquele marido em sua superioridade e manter ela em sua inferioridade. Ela era vista de cima para baixo, como se o lugar dele em estar acima dela e o dela de estar abaixo dele fossem os seus lugares/papéis de homem e mulher no casamento conferido por Deus nas Escrituras. Tanto ele quanto ela haviam aprendido e adotado essa abordagem para sua vida conjunta. Ambos eram pessoas com boas intenções e desejosas de cumprir com a vontade de Deus em suas vidas e casamento. No entanto, sua perspectiva relacional os conduziu a um inevitável adoecimento. Ambos teriam que trabalhar arduamente para reorganizar a sua estrutura e dinâmica de casal.

## Dono do parquinho

Atendendo um casal na clínica, a esposa descreveu seu casamento dizendo para o marido: "Você é o dono do parquinho e eu só posso usufruir dele ou atuar nele se você permitir e da forma que determinar".

A expressão "dono do parquinho" pode ser utilizada como uma metáfora para refletir sobre um casamento em que um dos cônjuges é o protagonista, como se fosse o "dono do casamento", em um comando de tudo o que envolve a vida a dois e a família. Em grande parte, para que essa dinâmica se instale, o cônjuge coadjuvante precisa aceitar sua subserviência ao protagonismo do "dono do parquinho". Assim, por um lado, temos um cônjuge protagonista, e por outro, um cônjuge subalterno a ele, na medida em que se acopla aos seus mandos e comandos. Essa dinâmica é comum em hierarquias conjugais, nas quais um cônjuge se mostra superior e o outro se assume como inferior.

Um cônjuge que atua como se fosse o "dono do parquinho", facilmente se comporta como se fosse o dono do dinheiro, da casa, do carro, das refeições, das decisões, dos passeios, do sexo, dos padrões, das regras, do sofá, do controle remoto, do tempo, dos horários, do descanso, das férias, da educação dos filhos, da agenda e de tudo mais que compõe a vida familiar e conjugal. O outro cônjuge apenas coabita com o "dono do parquinho", submetendo-se a tudo que for por ele ordenado ou permitido, podendo se mover "no parquinho" somente quando e da forma que o "dono" consentir. Somente terá alguma autonomia caso o "dono do parquinho" autorize ou delegue. No caso de o cônjuge "dono do parquinho" ter uma personalidade narcisista, ou pior ainda, se tiver uma personalidade psicopática, essa dinâmica pode ser especialmente abusiva, adoecedora ou aniquiladora para o cônjuge coadjuvante.

Em um casamento saudável, que adota a parceria para sua interação, não há um que é o "dono do parquinho", ou seja, o "dono do casamento", e o outro, subalterno dele. Há duas pessoas que se assumem como protagonistas na relação e que administram "o parquinho" (o casamento) como terreno de ambos. O "nós" se constitui em uma parceria que alcança todos os assuntos que envolvem a vida a dois.

Em dinâmicas conjugais nas quais apenas um cônjuge protagonista tem espaço para existir como pessoa, a disfunção se estabelece porque existe alguém clamando por existir e não tem permissão para isso. Muitos sintomas poderão eclodir de uma dinâmica conjugal estruturada dessa forma. E o mais triste é achar que essa dinâmica seria a vontade de Deus para a relação do casamento.

## Quando a violência é uma tendência

A perspectiva relacional hierárquica para o casamento pode ser ainda mais disfuncional e ameaçadora para casais em que a violência é uma tendência. Como aquele casal que adotou a abordagem hierárquica aprendida no curso de casais de sua igreja e desenvolveu um quadro de violência doméstica. Quando ela não obedecia ao chamado dele imediatamente, ele a xingava, puxava-a pelos cabelos e determinava um treino para que aprendesse a responder a ele assim que ele a chamasse. Segundo ele, obedecer ao marido pronta e prioritariamente seria o esperado de uma mulher cristã submissa. Para educá-la ele a punia, forçando-a a se ajoelhar em frente a ele, que se sentava no sofá, e a obrigava a pedir perdão a Deus por não ter obedecido ao marido como convinha. Para garantir que ela orasse em voz alta pedindo perdão a Deus por sua insubmissão, ele lhe dava socos na cabeça e chutes no corpo. Ele entendera que com essa atitude estaria exercendo a liderança de marido cristão e de sacerdote do lar, educando sua mulher e levando-a a se submeter e se purificar espiritualmente. Não importava o quanto ela chorasse ou clamasse, ele se sentia no direito de liderar sua esposa e a educar para ser obediente a ele, a fim de garantir que ela fosse santificada e se tornasse uma mulher segundo o coração de Deus. Pelo que ele entendera, sentia-se biblicamente empoderado para isso.

Pelo visto ele não conhecia o texto de Malaquias 2.16, no qual encontramos um posicionamento claro de Deus contra a violência, quando ele mesmo diz: [...] *odeio homem que se cobre de violência como se cobre de roupas.*

Outras situações de violência ainda aconteciam na vida desse casal, de ordem sexual, patrimonial, psicológica e espiritual. Até que um dia ela não suportou mais, saiu de casa e fez uma denúncia na delegacia solicitando medida protetiva. Os pastores da sua igreja os encaminharam para terapia de casal. Obviamente que os pastores não concordaram com essa violência toda. Mesmo assim, é importante entender que quando a abordagem hierárquica para o casamento é a vigente em um contexto, ela pode, infelizmente, favorecer a violência doméstica.

No primeiro capítulo, o professor de Teologia Allan Doyle Myatt explica teologicamente, de forma abrangente e profunda, que o hierarquismo é fruto de uma cosmovisão não cristã, que reflete a filosofia grega neoplatônica. O professor explica, com farta fundamentação teológica, os textos mais conflitivos sobre a hierarquia que coloca o homem na liderança da mulher e a mulher em submissão à liderança do homem, por isso não serão retomados aqui. Caso você ainda não tenha lido o primeiro capítulo, sugiro que o leia para uma melhor compreensão teológica e bíblica sobre o assunto. Caso ainda tiverem restado dúvidas, sugiro que o leia novamente. Muitas vezes não percebemos que lemos as Escrituras com os óculos viciados pela cultura e precisamos ler de forma mais aprofundada, para compreender nuances antes não percebidas.

## Casamento é sinônimo de vínculo

A parceria no casamento enfatiza a ideia de que casamento é sinônimo de vínculo. O cerimonial do casamento é um importante ritual de passagem do status social de solteiro para o de casado. No entanto, por mais que o consideremos fundamental para o início da vida a dois, por si só não garante um casamento de verdade. Um casal vivencia um casamento de verdade quando o vínculo entre eles é o vínculo mais significativo que possam ter com qualquer pessoa ou situação. Um casamento assim pode ter um início marcante no altar. No entanto, somente é efetivado em um processo contínuo de comprometimento e envolvimento de ambos os cônjuges com o sistema conjugal. De acordo com essa perspectiva, conforme nos ensina o pastor Edson Barbosa[101], podemos dizer que um casal solteiro não sai efetivamente casado de um cerimonial de casamento, como se fosse um ato consumado, mas sai "se casando", ou seja, insere-se em um processo de vinculação que se estenderá ao longo de toda a vivência conjunta. O "sim" dito no altar é um pronunciamento de estar assumindo a relação do casamento, propondo-se a se vincular com seu cônjuge.

No processo do "se casando", o casal poderá ajustar-se de forma funcional, construir um vínculo conjugal significativo e vivenciar um amor verdadeiro e duradouro. As crises, em vez de colocarem em risco a sobrevivência relacional, podem ser percebidas como oportunidades para o crescimento e fortalecimento do vínculo conjugal. Dessa forma, o casal ajusta-se em uma parceria saudável e experimenta o verdadeiro sentido para a vida a dois. No entanto, podem ocorrer ajustes disfuncionais, em que o casal se adapta a padrões familiares desestruturantes ou a crenças equivocadas sobre o casamento, que podem ser ameaçadores para a vida conjunta.

A boa notícia é que mudanças sempre são possíveis, tanto para casamentos bons, que podem evoluir ainda mais, quanto para casamentos disfuncionais, que podem descobrir interações mais saudáveis e evoluir também. Por isso, não importa em qual situação esteja um relacionamento sempre é possível promover um "se casando melhor", ou seja, um "se vinculando melhor".

A parceria favorece a vinculação que passa a ser construída entre duas pessoas que se interconectam em uma interdependência na qual o "nós" dá sentido para a vida a dois. No entanto, quando um dos cônjuges se assume como o protagonista na relação e o outro, como um coadjuvante, podem ocorrer distorções que dificultam, ou mesmo impedem, essa construção.

101 O pastor Edson Barbosa é um amigo especial de nossa família de longa data. Tivemos o privilégio de ter ele pregando no casamento de nossos três filhos, sobre a perspectiva relatada neste parágrafo.

## A PARCERIA E O AMOR

O amor se mostra como a pauta principal para os relacionamentos a partir da redenção crística encontrada no Novo Testamento Bíblico. A dominação e a hierarquia nunca foi a intenção de Deus para a relação conjugal. Ao criar homem e mulher, ele não definiu quem manda e quem obedece, ou quem lidera e quem segue a quem na relação. A intenção de Deus ao criá-los foi que se dessem as mãos em parceria para cuidar do mundo, como uma missão conjunta. Em suas peculiaridades de macho e fêmea foram criados à imagem e semelhança do Criador, para serem parceiros em uma liderança criativa que reflita a glória de Deus na terra.

A dominação não existia no jardim do Éden, surgiu como novo formato relacional após o evento da "Queda". Deus percebeu que isso aconteceria como consequência do pecado e, assim, não o prescreveu, mas o descreveu. No entanto, desde então, ele já tinha um plano de redenção. Seu filho Jesus Cristo seria enviado ao mundo para religar o ser humano a Deus e para redimir a parceria e a intimidade nos relacionamentos.

O casal Maria e José foi agraciado pela manifestação dessa redenção em sua intimidade relacional como casal. José, um homem de seu tempo e cultura, estava acostumado com a dominação dos homens que subjugavam as mulheres. Mas, após ser ministrado pelo anjo, ele entendeu que sua missão era ser o parceiro de Maria. Ambos foram designados como parceiros na nobre missão de criar Jesus, o redentor da humanidade, ao longo de seu desenvolvimento. Com pais parceiros, Jesus foi *crescendo em sabedoria, estatura e graça, diante de Deus e dos homens* (Lc 2.52).

Assim, a redenção da parceria e da intimidade do casal deixou marcas visíveis em Maria e José, que receberam como missão de Deus serem parceiros em uma nobre tarefa. Se continuassem na perspectiva do pós-Queda, da dominação do homem sobre a mulher, eles provavelmente não teriam dado conta de cumprir a sua missão. Ao se disporem a uma relação de parceria, foram primorosos no amparo um do outro ao longo do desenvolvimento de Jesus.

José, ao invés de dominar Maria, cuidou dela e a amou como um nobre cavalheiro durante a sua gravidez, bem como na viagem para Belém, na fuga para o Egito, na viagem para Jerusalém, nas visitas ao templo e nas instruções da vida familiar. Esse casal é referência de parceria e intimidade nas Escrituras e se mostra como um divisor de águas entre as relações de dominação e de parceria descritas nas Escrituras. Assim, a partir do Novo Testamento Bíblico, foi inaugurada uma nova perspectiva: o amor seria o condutor dos relacionamentos conjugais, como de qualquer outro relacionamento.

Um amor que seria efetivo e essencial em sua incondicionalidade. Segundo Marion,[102] se não for incondicional é relação de interesse e não de amor. A essência do amor não apresenta reservas nem competição. Ele se mostra na entrega e na doação. A alegria dos amantes não se manifesta pelo que recebem, mas pelo que doam.

Na doação e entrega amorosa, a parceria se fundamenta na mutualidade relacional. Nela os cônjuges testemunharão da experiência mútua na parceria como algo profundo, duradouro e cheio de prazeroso mistério.

A mutualidade relacional aparece nas referências do "uns aos outros" em vários textos do Novo Testamento Bíblico, como um tratado de inteligência emocional e relacional, também para o sistema do casamento. Alguns se destacam especialmente.

- O amor mútuo: *Um novo mandamento lhes dou: **Amem-se uns aos outros**. Como eu os amei, vocês devem amar-se uns aos outros.* (Jo 13.34 — ênfase acrescentada)
- A submissão mútua: ***Sujeitem-se uns aos outros**, por temor a Cristo.* (Ef 5.21 — ênfase acrescentada)
- A cooperação mútua: *Não negligencies, igualmente a prática do bem e a **mútua cooperação**; pois com tais sacrifícios Deus se compraz.* (Hb 13.16 — NAA — ênfase acrescentada)
- A edificação mútua: *Assim, pois, sigamos as coisas que servem para a paz e as que contribuem para a **edificação mútua**.* (Rm 14.19 — NAA — ênfase acrescentada)
- O serviço mútuo: *"**Sirvam uns aos outros**, cada um conforme o dom que recebeu, como encarregados de administrar bem a multiforme graça de Deus.* (1Pe 4.10 — NAA — ênfase acrescentada). *Irmãos, vocês foram chamados para a liberdade. Mas não usem a liberdade*

102 ROGGERO, Jorge Luis (org.). *El rigor del corazón: la afetividad en la obra de Jean-Luc Marion*. (Buenos Aires/AR: SB, 2022.)

*para dar ocasião à vontade da carne, ao contrário,* ***sirvam uns aos outros mediante o amor****. Toda a Lei se resume num só mandamento: "Ame o seu próximo como a si mesmo".* (Gl 5.13-14 — ênfase acrescentada)

## Construindo a parceria na intimidade

Para construir a parceria, ambos têm igual responsabilidade e liberdade na relação. A responsabilidade coloca um diante do outro, em uma postura respeitosa. A comunicação passa por revisões em seu repertório de ofensas e se condiciona a levar em consideração a perspectiva um do outro. A liberdade coloca um frente ao outro desnudos, para muito além do desnudamento físico. A conexão se fundamenta e se funde em suas almas e corpos.

Na intimidade relacional, a parceria favorece que um convide o outro para visitar os espaços arejados, iluminados e festivos de sua interioridade. Mostrar o belo e o divino que habita em cada um pode ser revigorante, atrativo e altamente desejável. Ao mesmo tempo é importante que cada um considere levar o outro a conhecer, vez ou outra, o seu quarto escuro, do armazenamento das mágoas, ressentimentos e injustiças. E ainda há os espaços das emaranhadas fragilidades, vulnerabilidades, medos e fracassos, que requerem uma visitação empática, solidária e compassiva.

As chaves que abrem as portas para as visitações ao interior de um e de outro são o amor, o respeito, a aceitação e o acolhimento. À medida em que um se revela ao outro, cada um se descobre mais um pouco também. Assim, na revelação de um para o outro, ambos se dão a conhecer e se tornam mais conhecidos de si mesmos. Um casal parceiro de alma segue nessa evolução de forma mútua, gradativa e contínua. Juntos percebem que trilham um caminho cheio de mistérios que vão se desvendando, mas nunca por completo. O professor Carlos José Hernández ensina que quanto mais intimidade entre o casal, tanto mais misterioso fica. Cônjuges que acham que já sabem tudo do outro não se dão conta de quão superficial é o seu relacionamento. A intimidade se aprofunda a partir do contato com o mistério de um e de outro. É necessário perder o medo de acessar o mistério que cada um traz dentro de si.

Na intimidade, a hospedagem de um no interior do outro, além de promover o desenvolvimento relacional, pode acionar cura e celebração da vida. Uma experiência sublime da vida como participante inerente ao vínculo do casal, como menciona o professor Carlos José Hernández.[103]

Na parceria conjugal, os cônjuges descobrem um amor para muito além da paixão. A paixão pode acontecer à primeira vista, mas o amor se consolida a partir da segunda ou mais vistas. Na paixão à primeira vista enxergamos a outra pessoa a partir dos nossos referenciais internos de um outro ideal. Na realidade, não nos apaixonamos pelo outro, mas pelas nossas imaginações projetadas nele.

O amor em vistas após a primeira acontece quando o olhar se aventura a ir além das nossas imaginações sobre o outro e desabilitamos as vistas obcecadas pelas nossas idealizações. Em mais vistas, ocorre um desvendamento surpreendente de uma pessoa real do outro lado, cheia de vida, vibração e peculiaridades. Caso se assuste ao descobrir que o outro é um ser narcisista, perverso e monstruoso, é melhor não seguir na relação. Mas caso encontre um ser humano também disposto a uma segunda vista ou mais, sugerimos que preste atenção, pois é possível que tenha encontrado um grande amor, por quem vale nutrir aceitação e admiração, solidificar a permanência, promover o encontro de duas pessoas inteiras e com a alma aberta descobrir a verdadeira intimidade, sem reservas e sem segredos.

Um casal que se descobre no amor em outras vistas, até pode experimentar ao longo da vida conjunta as muitas águas desabarem dos céus, rios e olhos, que, por vezes, parecem naufragar os sonhos. Mas em vez de destruição, essas águas apenas levam entulhos, lavam dores e saciam sedes com vislumbres nunca sonhados antes. Também podem sentir os ventos soprarem em sua porta e janela e em vez de derrubá-las, sopram para longe as ilusões e idealizações, desenhando novos cenários e paisagens, mais arejados e deslumbrantes.

Assim, a partir de vistas mais ampliadas de um e de outro e de seu convívio, os amantes seguem juntinhos e quentinhos, descobrindo-se em novas

103 Para aprofundar esse entendimento sugerimos a leitura do capítulo 3 deste livro, sobre "A beleza da intimidade", escrito brilhantemente e de forma poética pelo professor Dr. Carlos José Hernández.

circunstâncias, amando-se com afeto, com desejo de estarem juntos para partilhar as novas experiências da vida.

Coisa bonita essa que um casal aprende em parceria e mutualidade, a de olhar nas pupilas, escutar os anseios do coração, reconhecer e perdoar a falta de jeito, falar palavras que validam e qualificam, acolher as diferenças com amor e tocar o corpo e a alma com afeto, ternura e respeito. Aprendendo seguem nessa linda história de amor, que nasce e renasce, à segunda e outras tantas vistas que surgirem de um para o outro em sua jornada conjunta.

## A PARCERIA E A SEXUALIDADE

Sistemas conjugais que adotam a hierarquia em sua dinâmica relacional facilmente percebem que a sua interação sexual se torna insatisfatória e desconexa. Como certa mulher, que perguntou ao seu homem: "Como você quer que eu me apresente a você?" Ele respondeu listando determinados comportamentos, condutas, roupas, cabelo, palavras, assessórios, fetiches, etc. Ela, tentando agradar, fez de tudo para se adaptar ao script de seu homem em seu desejo de tê-la. Assumindo performances, teatralizou quem ele gostaria que ela fosse. Infelizmente, tornou-se um objeto sensual e se distanciou de quem era em sua essência. Na perda de si, também perdeu seu brilho e se tornou uma mulher desinteressante. Já não mais existia como pessoa e ele já não a amava mais. Na dinâmica desse casal podemos perceber as objetificações aniquilando sua ligação e desejo.

Em uma perspectiva diferente temos outra mulher, que ao perguntar ao seu homem: "Como você quer que eu me apresente a você?", ouviu: "Querida, amo você e venha a mim sendo você". Na liberdade de mostrar quem é, ela foi se individualizando cada vez mais e extraindo do fundo de seu ser a sua essência de mulher em plenitude. Iluminada pelo amor de seu homem foi se tornando mais e mais interessante. Ela se rende cada vez mais ao seu homem sublime, que valida a existência de sua essência. Ele a ama cada vez mais na manifestação e expressão de sua plenitude de mulher. Na dinâmica desse casal podemos perceber uma sinergia nutrindo o seu amor e desejo.

## Parceria na partilha da vida

Em relações hierárquicas a pessoa liderada muitas vezes é vista como quem precisa ser poupada de certos assuntos. No entanto, ao se excluir o cônjuge dos assuntos da sua vida, não o poupa realmente, apenas o aflige ainda mais. Aflige porque ativa um imaginário, que pode ser insano, em relação ao que poderia estar acontecendo. Além do mais, não partilhar a vida com o cônjuge é subestimar seu potencial para suportar dificuldades e pode gerar muitas desconfianças.

Muitos têm essa ideia equivocada de "poupar seu cônjuge", não atualizando os assuntos e mesmo assim, quando as coisas explodem, esperam que os cônjuges considerados "poupados" segurem a barra e enfrentem as mazelas. Isso significa que não pouparam seu cônjuge de nada, apenas potencializaram as dificuldades.

A parceria no casamento favorece que ambos reconheçam o potencial um do outro para partilhar a vida e qualquer assunto pertinente a ela. O casal parceiro desenvolve confidência mútua. Em vez de se deparar com os assuntos somente quando explodirem, podem antecipar a percepção de algumas dificuldades e encontrar soluções juntos, muito antes das situações se desestabilizarem. Assim, quando se unem, ambos podem se surpreender com a maneira pela qual conseguem enfrentar os desafios de forma mais resolutiva.

É um equívoco pensar que se está poupando o cônjuge ao evitar de falar de seus assuntos com ele. Na evitação de conversa, em vez de poupá-lo, está promovendo sua exclusão. Exclusão não o poupa, somente aumenta a carga, afasta e desconecta. Excluir o cônjuge de seus assuntos gera aflição, desconfiança, afastamento e desconexão.

Você quer realmente poupar o seu cônjuge? Então, ao invés de excluir, inclua-o em sua vida e em seus assuntos. A inclusão de um e de outro na vida, agenda, conversas e partilhas é facilitada na perspectiva da mutualidade em parceria.

## A parceria nas finanças

Unificar orçamentos, contas, compromissos financeiros em torno da vida conjunta requer posturas éticas. Esse é um assunto extremamente importante, pois convoca ambos os cônjuges a serem transparentes, honestos, fiéis e leais. Dificilmente os envolvidos se sentirão parceiros se tiverem segredos financeiros e posturas de aproveitamento do outro. Em casamentos hierárquicos é comum que o cônjuge líder seja considerado o gerente financeiro. De alguma forma, isso tem uma influência cultural e popular, de que quem tem ou traz o dinheiro manda na relação.

A parceria financeira favorece a confiança e a segurança, especialmente porque a quebra da confiança e a insegurança, não se instala somente em casos extraconjugais, mas também por meio de traições financeiras, de condutas desonestas e antéticas em torno do dinheiro, por exemplo:

- Fazer empréstimos sem consultar o cônjuge.
- Fazer dívidas no nome do outro sem que ele saiba.
- Assaltar a carteira do cônjuge.
- Comprar coisas em segredo.
- Achar que pode mandar só porque é quem traz o dinheiro para casa.
- Achar que só porque é quem traz o dinheiro para casa pode forçar o outro cônjuge a lhe servir.
- Usufruir dos rendimentos do outro e não contribuir com nada, nem mesmo com serviços.
- Valorizar apenas quem entra com o dinheiro para o orçamento doméstico e não dar crédito para quem contribui com serviços.
- Desvalorizar quem trabalha fora ou quem trabalha dentro de casa.
- Mentir ou se irritar quando o cônjuge pergunta sobre um gasto "duvidoso".
- Favorecer-se nos gastos.
- Culpar o outro dos rombos no orçamento, quando quem acusa é o autor dos maiores gastos.
- Fazer doações e ofertas sem passar por um combinado conjunto.
- Emprestar ou doar dinheiro para amigos e familiares sem dialogar com o cônjuge.
- Gastar sem submeter-se ao orçamento conjunto delimitado a partir das prioridades estabelecidas.

As desconfianças, incertezas e desonestidades em torno do dinheiro podem afetar severamente a parceria do casal e levar a recusas na partilha das finanças. Quando o casal sai do foco do materialismo também sai do individualismo e ambos compreendem que a questão do dinheiro também perpassa a construção da parceria. Os assuntos referentes ao dinheiro fazem parte da construção do "nós", e não definem quem manda e gasta mais ou menos na relação.

## Parceria nas provisões e atividades domésticas

A ideia de que a provisão financeira para o lar é tarefa apenas do homem e que os cuidados da casa são tarefas somente da mulher é um paradigma solidificado em torno de uma percepção polarizada dos estereótipos homem/mulher.

Em um polo estaria o homem, considerado detentor da "razão". Suas capacidades racionais lhe confeririam o potencial do pensamento, do raciocínio lógico, do planejamento, organização, objetividade e foco. Por muito tempo na história humana acreditou-se que o "ser racional" seria da natureza do homem e, portanto, estaria apto para as funções administrativas, governamentais, executivas e de liderança em uma sociedade e família. O que significaria que seria do homem a tarefa de empreender, lançar-se ao mercado de trabalho e trazer os recursos financeiros para a família. Como não teria habilidades inatas (ou reduzidas) para a emoção, estaria liberado das demonstrações de afeto, envolvimento em diálogos com sua esposa e filhos, bem como em qualquer tarefa que envolvesse cuidados. Se apresentasse esses comportamentos seria até mesmo questionado em sua hombridade. Bastaria ser bem-sucedido no trabalho e prover os recursos financeiros para o ambiente doméstico. As tarefas que não entram no pacote da obtenção de recursos financeiros não seriam dele, até mesmo seria humilhante se envolver nelas, como lavar a louça, por exemplo. Acreditava-se que o homem, por ser direcionado racionalmente à objetividade, não teria capacidade de fazer mais de uma coisa por vez. Uma mulher teria achado um "bom homem" se este fosse trabalhador arrojado e conseguisse arrecadar recursos expressivos. Mesmo que fosse rude e grosseiro, deveria ser grata e se contentar com esse "bom homem".

No outro polo estaria a mulher, considerada detentora da "emoção". Suas capacidades afetivas lhe confeririam o potencial das emoções, dos relacionamentos e das conversas. O "ser emoção" seria da natureza da mulher e, portanto, estaria apta para as funções de cuidado, serviço e auxílio em uma sociedade e família. Isso significa que seria da mulher a tarefa de cuidar do marido, dos filhos e da casa. Como não teria habilidades inatas (ou muito deficientes) para o raciocínio, estaria inapta para assumir posturas de liderança e empreendedorismo. Nem mesmo podia ir para a escola regular, pois acreditava-se que não teria capacidade intelectual para acompanhar os estudos. Um homem teria achado uma "boa mulher" se ela fosse habilidosa nas questões domésticas e afetivas e não o importunasse com curiosidades e cobranças que exigissem seu empenho em questões afetivas, relacionais e domésticas.

Na história conhecemos, especialmente por meio dos gregos, que a razão foi elencada como habilidade soberana em relação à emoção. O potencial racional colocava uma pessoa em superioridade na relação com alguém "meramente emocional". Acreditava-se que uma pessoa equilibrada seria aquela orientada tão somente pela razão. As emoções eram vistas como fraquezas de pessoas frágeis, e até certo ponto ignorantes. Dessa forma, o homem foi definido como superior (considerado racional), em relação à mulher (considerada emocional).

Assim, nessa polarização foram delimitados os papéis para homens e mulheres na sociedade e na família, ao longo da civilização humana. Os homens seriam os fortes, os racionais, que lideram e empreendem, e as mulheres as frágeis, as emocionais, que se submetem às tarefas menores, que envolvem os cuidados em um círculo reservado e restrito do ambiente doméstico e que não requereriam capacidades de raciocínio. Por esse viés, delimitou-se que o homem fosse o provedor e a mulher, a cuidadora das questões domésticas. O homem traria os recursos e a mulher ficaria responsável pela limpeza, higiene e cuidado da louça, roupas, casa, refeições, filhos, marido, etc.

Novas leituras já quebraram o paradigma polarizado de "homem razão" e "mulher emoção". Os estudos sobre o cérebro humano mostram o óbvio, de que ambos, homem e mulher, têm razão e emoção, ou seja, capacidade para pensar e sentir. O equilíbrio psíquico se estabelece pela integração da razão e da emoção, tanto em homens quanto em mulheres.[104] A tendência dos homens à razão e das mulheres à emoção tem mais a ver com as formas polarizadas na socialização de homens e mulheres do que com a sua natureza propriamente dita. Sempre que falamos para um menino que "homem não chora" estamos mentindo, sendo que a verdade é que homem chora porque também sente. Da mesma forma estamos mentindo quando falamos para uma menina que "mulher não pode questionar", sendo que a verdade é que mulher questiona por que também pensa.

Realinhando o potencial racional e emocional para capacidades reconhecidas tanto em homens quanto em mulheres, os papéis e as tarefas passam por mudanças radicais. O homem podendo demonstrar suas emoções nas relações se torna mais participativo no convívio doméstico, reconhecendo seu lar como sendo também o seu ambiente de cuidado. O lar passa a ser um lugar de interação afetiva, empática e colaborativa, não apenas um lugar onde ele habita, provê o sustento e usufrui do serviço obtido por sua "boa mulher". A mulher, por sua vez, aceita em seu potencial intelectual, passa a expressar ideias empreendedoras, engendrando-se também no mercado de trabalho nas mais variadas funções, incluindo cargos administrativos, executivos, governamentais e de liderança. O mundo para além das paredes domésticas passa a ser também o seu lugar de intervenção e troca de experiências, não um lugar proibido, como se não lhe pertencesse.

Dessa forma ambos, homem e mulher, passam a ser provedores e cuidadores das questões sociais, familiares e domésticas, bem como dos assuntos do coração, da mente, da alma e do espírito.

A pergunta: "Você ajuda a sua esposa em casa?", começa a causar espanto. Alguns ainda respondem: "Sim, claro, ajudo, entendo que às vezes eu posso, e até devo ajudar em alguma coisa", Em uma avaliação de que o homem entraria como "ajudante", como se fosse uma atitude altruísta de "bom moço". No entanto, já vemos um bom coro de homens entoando nova resposta: "Não, eu não ajudo. Eu faço a minha parte. A louça, a roupa e a casa suja não são somente da minha esposa. Da mesma forma os filhos não são só dela. Como tudo isso é meu também, reconheço que devo fazer minha parte".

104 EBERT, Clarice. "Reflexões teológicas sobre o papel da mulher", in: NEGRI, Juliana (org.). *Mulheres que cuidam*. (Rio de Janeiro/RJ: Thomas Nelson Brasil, 2023.)

Na contraproposta as mulheres são convidadas a evoluir entendendo que ao trabalharem fora do ambiente doméstico não estão apenas "ajudando com as contas quando der", como se fosse uma expressão de generosidade, ou conseguindo um "dinheirinho extra" para comprar coisas pessoais. Uma mulher deve reconhecer que as contas também são dela, pois come, dorme, usa energia, água e internet, passeia, etc. e, portanto, é justo que pague também por parte delas.

Cada vez mais vemos homens percebendo que as tarefas da casa também são suas e as mulheres percebendo que as contas da casa também são delas.

No caso de marido e mulher acordarem que um irá trabalhar fora e o outro se ocupará com as questões domésticas, deverão entender que, em uma parceria, ambos estão contribuindo para compor o orçamento, seja com valor em dinheiro ou com valor em forma de serviço. Mesmo assim, o casal ainda precisa avaliar outros critérios, como aquelas tarefas que envolvem a vida familiar que nunca dão folga e se estendem para o turno da noite, refeições, momentos de lazer, passeios, viagens, visitas, feriados, finais de semana, férias, etc. Essas tarefas não podem simplesmente entrar na lista das tarefas de quem não tem um trabalho (remunerado) fora de casa, pois certamente haverá sobrecarga. Por outro lado, aquele que trabalha fora não poderá assumir a sobrecarga de dividir igualitariamente todas as tarefas domésticas com quem decidiu trabalhar em casa. Tanto em uma situação quanto na outra poderá se estabelecer um sentimento de "estar sendo injustiçado", podendo gerar disputas e cobranças que afetam negativamente a parceria conjugal e a vida familiar.

Homem e mulher reconhecendo-se mutuamente capazes em razão e emoção caminham melhor em parceria em uma convivência mais enriquecedora, na qual ambos se comprometem com o sistema do casamento em uma proatividade amorosa, empática e colaborativa.

## Parceria versus companheirismo

No companheirismo alguém acompanha, faz companhia ou vai na companhia (segundo o dicionário). Para se ter uma companhia não é necessário dialogar ou alinhar interesses, basta que o outro esteja por perto para acompanhá-lo ou lhe fazer companhia. Os interesses do outro geralmente são vistos como secundários ou nem são vistos.

Nesse sentido Adão nem precisaria de Eva, pois qualquer animal daquele jardim poderia servir de companhia para ele. Por exemplo, um cachorro pode ser um bom companheiro. Mesmo que seu tutor seja neurótico, psicótico, iracundo e tenha um caráter duvidoso, no reencontro com seu cachorro companheiro, ele abanará seu rabinho de felicidade e dormirá aos seus pés com fidelidade. Por isso, apesar do companheirismo ter algum aspecto bom, pelo seu lado utilitarista é um conceito reducionista para se aplicar a relacionamentos conjugais saudáveis.

É melhor adotar o conceito da parceria. Nela há um par de pessoas em igualdade e semelhança, no qual uma pessoa não apresenta diferença em essência em relação à outra. Isso sinaliza que pessoas envolvidas em um relacionamento de parceria não apenas se contentam na companhia de alguém. Mas, encontram satisfação ao levar um ao outro em consideração, buscando o alinhamento de sonhos, objetivos, opiniões, sentimentos, projetos, propósitos, decisões e tudo o mais.

A vivência da parceria humaniza o relacionamento conjugal. Nesse sentido, Adão precisaria muito de Eva, pois nenhum outro animal daquele jardim, mesmo que fosse um bom companheiro, lhe seria correspondente em sua humanidade. A ideia de um casamento saudável não é de apenas ter alguém que acompanha, que faz ou vai na companhia, mas é de estar com alguém para partilhar a vida de forma interdependente. Não é apenas ter alguém como marido ou esposa, mas é estar com essa pessoa para partilhar e experimentar a vida.

Na dependência e codependência somente haverá espaço para um dos cônjuges ser, decidir, opinar e desejar. Uma pessoa pode se perder no espaço de outra, ao abrir mão de si própria em "benefício" do relacionamento. No entanto, esse "benefício" do relacionamento, infelizmente não acontecerá, pois, a anulação de um dos cônjuges, ao invés de promover a saúde conjugal, contribuirá para o seu adoecimento.

Por outro lado, quando cada um vive de forma independente e individualista, sem ligar para o outro e nem inclui-lo em sua vida como parceiro de vida, também não é favorável para um relacionamento saudável.

No individualismo, os cônjuges podem ter o status de casados, e mesmo assim continuarem com posturas solteiras. Obviamente que isso não irá funcionar e dificilmente experimentarão um casamento satisfatório.

É muito triste quando duas pessoas que se amam se afastam porque uma não soube se posicionar adequadamente no casamento e a outra teve que optar por sua saúde mental.

Para que o casal experimente o sentido da vida a dois devem evoluir para a interdependência em sua convivência. Na interdependência há duas pessoas envolvidas na construção do relacionamento. Como bons construtores contribuem com suas particularidades para estabelecê-lo como uma aliança. Nessa intersecção continuam existindo como pessoas (indivíduos) em uma conexão que dá sentido à vida a dois, que é o "Reino do Nosso".

## A METÁFORA DA DANÇA PARA A PARCERIA

Há casais que estão cansados da caminhada conjunta. As muitas brigas, discussões e "surtos" levam para um cansaço insuportável, que gera uma imensa preguiça em estar um com o outro. Sua dinâmica relacional lhes soa como se ouvissem e dançassem constantemente uma música ruim, com desafinações e ritmos desencontrados. Para mudar essa situação, será necessário parar, sentar e escolher uma nova música, mais afinada e com um ritmo mais harmônico, que permita uma nova dança, ou seja, uma nova dinâmica relacional.

No entanto, habilidosos dançarinos não surgem automaticamente. Adquirir habilidade em um novo passo de dança, requer aprendizado e treino dedicado. Para que um casal consiga deslizar bailando livremente pelo salão dançante, precisa de treino. No início, dançarinos inexperientes em um novo passo de dança, podem parecer desengonçados e podem até mesmo pisar no pé um do outro. Caso desistam, facilmente voltarão para as danças antigas, aos sons de músicas desafinadas e ritmos fragmentados de outrora. Mas, se continuarem e permanecerem no aprendizado e no treino, os passos da nova dança se efetivarão e dançarinos deslizarão com destreza de forma harmonizada, cheios de beleza sincronizada.

Na arte da convivência, assim como treinos dedicados fazem surgir exímios dançarinos, os cônjuges podem se dispor a amar um ao outro em proporções cada vez maiores e experimentar o prazer da vinculação.

Ao invés de um casal desencontrado desistir da vida a dois, na maioria das vezes bastaria que escolhesse uma nova música (nova dinâmica) para embalar novos passos de dança em sua interação. Uma nova música que soe bela aos ouvidos de ambos deve ser escolhida, pois incentiva o aprendizado da nova dança.

A música e a dança são belas metáforas para refletirmos sobre a dinâmica relacional de um casal. Assim como podemos mudar a música de que não gostamos, é possível trocar uma dinâmica relacional ruim por uma mais favorável. Com abertura ao aprendizado e com disposição na promoção de movimentos na direção um do outro, um casal poderá redescobrir a alegria de estar juntos.

A parceria favorece que o casal flua em uma interação mútua, como se fosse uma dança intencionalmente treinada, ao ponto de ser natural levar um ao outro plenamente em consideração, buscando ver e ouvir, aceitar e acolher, amar e respeitar, partilhar e comungar.

Em alguns casos o casal pode descobrir que a música de sua "dança" relacional (dinâmica) é muito ruim ou está degastada. Percebem que é necessário mudar de música para poderem adquirir o manejo de um novo passo de dança.

Uma música ruim poderia ser o entendimento que tinham até então sobre o que deveria ser o casamento. Por exemplo, um casal que tenha adotado a perspectiva hierárquica para seu relacionamento, poderá descobrir que a mutualidade em parceria é mais saudável e escolhe colocar o amor em igualdade no centro da relação.

Assim, a perspectiva da mutualidade passa a ser a nova música para a vida a dois. Mesmo que os viciados passos da hierarquia dificultem a aprendizagem do novo passo da dança da parceria, com treino dedicado poderão se tornar habilidosos dançarinos e descobrir que ele favorece muito mais o fortalecimento do vínculo do que o passo anterior.

*Melhor é serem dois do que um, porque maior é o pagamento pelo seu trabalho. Porque se caírem, um levanta o seu companheiro. Mas ai do que estiver só, pois, caindo, não haverá quem o levante. Também, se dois dormirem juntos, eles se aquecerão; mas, se for um sozinho, como se aquecerá? Se alguém quiser dominar um deles, os dois poderão resistir; o cordão de três dobras não se rompe com facilidade.* (Ec 4.9-12 — ênfase acrescentada)

# 3

# A BELEZA DA INTIMIDADE

*Carlos José Hernández*[105]

Gratidão a Lidia Elizabeth, que me ensinou que a partir do tempo entregue à devoção, facilita-se a recepção do "dom da intimidade", dom indispensável para o desdobramento do processo familiar.

Este é um texto que tenta colocar em palavras o fenômeno da intimidade no casal humano, e sua contribuição essencial para o desdobramento do processo familiar e sua fecundidade.

O texto descreve a restauração da interioridade da família que se origina na redenção de Jesus Cristo. A redenção abre um caminho que liberta do sofrimento causado pela queda do casal humano.

## A CRIAÇÃO

No início, o céu se aproximou da terra. Deus soprou sobre o barro e deu origem à vida humana. Mais tarde, ele abriu o lado do primeiro homem, Adão, tirou de perto do seu coração um osso e com ele criou a mulher, para que ele não estivesse mais sozinho. Desde o começo, a criação já apontava para a existência de dois. Essa proximidade entre céu e terra trouxe o sopro do Criador — uma comunicação profunda que deu início aos batimentos da vida.

105 Médico psiquiatra argentino, doutor em Medicina, professor aposentado de Psicologia da Religião e de Psicologia Social. Membro vitalício da Christian Association Psychological Studies (EUA), membro honorário do Corpo de Psicólogos e Psiquiatras Cristãos (CPPC) e membro fundador da Associação Argentina de Psiquiatria. Escritor de várias obras.

A conversa entre o Criador e a criatura é o que origina a intimidade. Adão e Eva viviam no Jardim do Éden. Ao entardecer, antes que a noite caísse, eles conversavam com Deus. Mas receberam um aviso: cuidado nas profundezas da floresta, com a árvore que brilha como as estrelas. Ela cega e ofusca o caminho. Essa árvore é proibida e guarda um elixir que desorienta quem o bebe. No princípio, tudo era para eles — Eva e Adão: as flores, os frutos, o calor da pele, o despertar do desejo quando os olhares se cruzavam e a atração magnética entre os corpos. Tudo era belo, surpreendente e pleno, com uma única instrução: ouvir e respeitar o aviso.

## A Queda

Naquela manhã havia nevado, mas Adão e Eva não sentiam frio. De repente, apareceu da terra um ser brilhante. Ficaram maravilhados ao vê-lo, e uma figura enlameada com olhos sem cílios os provocou:

— Ei, jovens! Quem proibiu vocês de beber daquela árvore dourada? Aposto que foi o velhinho que mora nas nuvens. Ele mente porque tem medo de seres imortais como eu. Bebam, e serão como eu!

E desobedeceram.

Logo veio a tempestade. O céu parecia em chamas: relâmpagos densos, trovões, chuva intensa e granizo. O casal discutia aos gritos, acusando um ao outro.

— Eu disse pra você não fazer isso!

— A culpa é sua!

Desde então, passaram-se inúmeros séculos de uma relação homem-mulher marcada por uma desconfiança instalada entre eles. Aquele frio intenso daquela antiga nevasca se repete incessantemente ao longo do tempo cronológico, provocando desconforto na intimidade do casal.

A “queda” é uma experiência profunda de fracasso, um colapso de toda ilusão que tenta manipular a pele. Um sofrimento que resiste ao primeiro toque de carinho. Um gesto desajeitado que provoca afastamento.

## A REDENÇÃO DA QUEDA

Para analisar essa experiência, apoio-me em Michel Henry.[106] O autor afirma que a vida se manifesta de duas formas simultaneamente:

1. uma manifestação no mundo, da causalidade visível dos eventos que acontecem;
2. outra, interna e invisível, que se desdobra na intimidade da subjetividade.

A narrativa da consequência da queda, em sua exterioridade no mundo, é algo mais ou menos conhecido por todos nós. Por outro lado, conhecemos muito pouco da manifestação simultânea dessa mesma história no interior do sujeito — um relato que, em sua versão interior, é inaudível e invisível.

Ainda assim, mesmo nesse modo incerto, a manifestação da vida urge para que o casal receba o dom que persistentemente lhes é oferecido. Essa recepção exige entrega de si mesmo. Uma entrega que precisa acontecer de ambas as partes do casal. Uma entrega que inicia o fluir da intimidade. Um fluir que se desenrola na emoção.

Essa ansiedade que se resolve na entrega exige uma decisão, uma escolha, que cada um sustenta de maneira diferente.

A intimidade forma uma trama com infinitos tecidos — pode estar inteira ou rompida. A desobediência que originou a queda danifica estruturalmente essa trama.

A desobediência interrompe a proximidade entre o Criador e sua criatura, fazendo cessar a intimidade do diálogo. Simultaneamente, também perturba a proximidade emocional entre os membros do casal.

## A PROMESSA DA RESTAURAÇÃO DA INTIMIDADE

É valioso perceber que a queda não introduz uma realidade fatal. A desobediência não tem poder para impedir a constante chegada da graça aos territórios humanos. Ela causa danos à condição humana, ao distanciar o homem e a mulher da fonte da vida.

106 HENRY, Michel. *La Esencia de la Manifestación*. (Salamanca/ES: Sígueme, 2015.)

Por isso, desde tempos remotos, anuncia-se o tempo escatológico em que virá o Messias para restaurar a intimidade do princípio. Nesse tempo será redimido o que foi causado pela desobediência.

O Messias (Cristo) veio, e voltará, porque ele é Deus. Um Deus que está sempre nos procurando, para recriar a intimidade entre o Criador e a criatura.

## A entrada de Deus na Terra na encarnação do Filho

Em uma pequena vila de Israel, por iniciativa própria, o Espírito Santo visitou Maria, criando em seu ventre o espaço sagrado para o nascimento do Filho de Deus. O que antes fora o sopro sobre o barro, tornou-se a "Encarnação da Palavra".

Palavra que foi ouvida e respondida com outras palavras. Palavras que começaram a ser articuladas pelas cordas vocais de uma mulher bonita.

Essa nova conversa se deu em um tempo de mistério, tempo em que a Palavra crescia no ventre de uma mulher, onde a intimidade primitiva era restaurada. Intimidade que evocava a relação das três pessoas da Trindade.

Um mistério que transbordou na redenção do vínculo entre homem e mulher. Vínculo redimido que torna possível a intimidade do casal humano contemporâneo.

## A profundidade da emoção

A intimidade se situa na espessura profunda de uma relação interpessoal interpenetrável.

Ela se experimenta no desdobramento da pele que toca, no toque, na carícia, nos lábios, no sorriso da face que cora ao ouvir, quando a inspiração chega ao sujeito, e inicia-se, espontaneamente, a dança pericorética da Trindade.

Quando o casal humano experimenta a intimidade, torna-se testemunha do constante fluir da graça. O amor ilumina e redime a essência da condição humana, antes distanciada de seu Criador.

Ser testemunha desse acontecimento talvez seja uma das maiores experiências da condição humana. A mulher e o homem recuperam o poder magnético da relação, e o testemunho que carregam brota da *Imago Dei* (imagem de Deus).

Assim, a intimidade do casal humano é depositária da "missão" de cuidar da vida que está, da vida que vem, e do crescimento da vida que chega. Um cuidado que carrega toda a profundidade de um céu estrelado.

Essa missão nasce do testemunho de uma experiência radical da carne. Uma experiência que merece ser expressa com palavras claras — palavras que anunciam que se viveu, em si, a invasão do amor de Deus.

Maria preserva para a condição humana um relato paradigmático de intimidade. Ela não compreende o que ouve, mas adere com confiança à experiência de receber a Palavra que nela se encarna.

A intimidade é um espaço sagrado — um lugar destinado a dois artistas, amantes, artesãos convocados a uma experiência na qual um terceiro, invisível e inaudível, nutre. Enquanto a criação do novo desenha o belo, um impulso acompanha o grito de: GLÓRIA!

## Quando a intimidade está ausente

O sofrimento arcaico do casal, causado pelo que conhecemos como "a queda", é atualizado sem mudanças através dos milênios. As dificuldades na convivência humana são evidentes, basta observar as notícias que recebemos diariamente.

O sofrimento causado pela desobediência rompe os vínculos do casal. A vida familiar passa a ser vivida como uma sucessão de tentativas de acordos que se quebram de forma obsessiva. E essa obsessão por tentar não faz senão tornar tudo mais complicado.

A frustração intensifica os desentendimentos, o que gera dor. E essa dor provoca sofrimento na interioridade. Contudo, o chamado da vida é maior do que todas as obsessões e todas as frustrações.

Para analisar a dor que surge nesses territórios do casal, desenvolvemos o conceito de intimidade. Para isso, nos ajudam as ideias de Jean-Luc Marion.[107]

107 MARION, Jean Luc. *Siendo Dado*. (Madrid/ES: Editorial Síntesis, 2000.)

Como dissemos anteriormente, Deus criou a intimidade — e continua criando. Intimidade que nos chega escondida nos batimentos do coração. Sua chegada primeiro nos faz corar, depois nos emociona.

A intimidade, por sua própria natureza, molda os cânticos de ação de graças. E isso porque, simplesmente, quando agradecemos, experimentamos o perfume que anuncia aquele que está vindo e que já começou a vir.

Quando o casal decide responder ao chamado, recebe o dom da família. Dom que chega aos humanos como um conjunto de habilidades para "cuidar" da vida humana desde o seu início.

Esse dom da vida chega à família impulsionado por algo que nasce nas profundezas da criação. Um dom que supera abundantemente todas as tentativas institucionais.

As instituições são construções de vínculos entre humanos destinadas a organizar a vida social no mundo. Já a família é como um fermento que penetra e transforma toda construção.

É nessas transformações que se revela, com força, a manifestação da vida. Um exemplo paradigmático: o nascimento de um bebê. Outro exemplo semelhante, mas de natureza distinta: a dor que a tecnologia causa à humanidade.

## A TECNOLOGIA E A INTIMIDADE

Nada é mais simples para entender a temporalidade cronológica do que os aparatos tecnológicos. Eles nos lembram, a cada instante, que nosso tempo está sendo medido pelo relógio.

A família, no entanto, se desenvolve em uma temporalidade litúrgica, em que os espaços de tempo são marcados pelos "acontecimentos" que ela experimenta.

Esses acontecimentos significativos do fluir da vida se distinguem da repetição mecânica da tecnologia. São acontecimentos que se manifestam simultaneamente no exterior do mundo e na interioridade do sujeito.

Exemplos desses acontecimentos na vida familiar são: a concepção, o parto, o nascimento, a infância, a adolescência, o casamento, o funeral (a despedida do mundo dos vivos), a festa, o luto, a experiência da dor, a doença, o prazer, a alegria vital, etc.

É o próprio batimento vital que chega ao sujeito, trazendo sua estrutura interna. E é nessa "escuta" que se desdobra a intimidade da ternura vital. (Por exemplo, o bebê que busca o seio da mãe.)

## A NARRATIVA DA VIDA FAMILIAR NA BÍBLIA

A invenção da intimidade em Gênesis 12.

Um chamado irrompe sobre um casal de anciãos. Eles recebem uma promessa de Deus: conceberão e terão um filho, cuja descendência será tão numerosa quanto os grãos de areia do mar.

Esse chamado expõe os conflitos que habitam o casal. Sara não confia na capacidade de Abraão para responder ao chamado. A partir de sua frustração imaginária, ela desafia o marido, entregando-lhe sua jovem serva, Agar.

O resultado da desconfiança de Sara — em relação ao velho Abraão — é que ela manipula Agar. Depois, quando retoma a confiança e, diante do milagre do recém-nascido, o casal de anciãos volta a escutar a promessa contida naquele chamado inicial.

O relato do Gênesis poderia ser intitulado: "Detalhes sobre a origem da intimidade na espécie humana". A partir de Gênesis 12, inicia-se o mais fascinante relato da vida — uma narrativa que ocupará o restante da Bíblia.

Talvez seja por isso que as "genealogias" ganham tanto destaque — elas registram as crueldades de nossos hábitos ainda não redimidos, entre tantas outras histórias.

Alguns relatos de Gênesis que colocam foco na intimidade são: a risada de Sara, Abraão a caminho do monte, Abimeleque observando os jogos entre Sara e Abraão na tenda, Jacó preparando comida com a ajuda da mãe para enganar o pai, Jacó acordando surpreso com Lia, a morte de Raquel, os irmãos vendendo José ao Egito, José se retirando para chorar, José e a esposa de Potifar, a chegada de José ao Egito, o último discurso de Jacó, os ossos que retornam a Canaã.

Sara se surpreenderá ao acompanhar o marido em uma aventura fascinante, que se desenrola dentro de seu próprio corpo — agora rejuvenescido por uma tempestade hormonal. No início da intimidade do casal humano, dois anciãos não conseguirão conter o sorriso. A alegria que brota das noites plenas de silêncio e perfume.

## Doação versus troca

A família é uma realidade que está "sendo dada". Uma realidade que ultrapassa a compreensão do real, por exemplo, através das categorias de Kant (Quantidade, Qualidade, Relação, Modalidade). A doação não pode ser objetivada.

A família é o organismo apropriado para receber esse fluxo constante de "doação" da vida — que vem de uma "fonte" situada em outro lugar e que se manifesta tanto no mundo externo quanto na interioridade do sujeito.

Esse fluxo invisível de vida é captado pelo "sujeito individual" e tornado visível por ele e por seu trabalho no mundo. Também é recebido e percebido intimamente pela espiritualidade.

Uma das formas de acolher esse fluir da doação na intimidade é por meio da contemplação. A recepção da doação é uma experiência que será contada por quem a viveu como testemunha.

As manifestações da doação da vida, em sua exterioridade, são analisadas por diversas teorias — abordagens acadêmicas com métodos científicos, como Psicanálise, Teoria dos Sistemas, Estruturalismo, etc.

Um exemplo está em um terapeuta chamado Nagy, que vê a família com a metáfora de um livro contábil, como um "sistema de trocas" — entre o "dever" e o "haver". Essa forma de observar o fenômeno familiar propõe o modelo de intercâmbio (causalidade), diferente da abordagem da doação que aqui propomos: a vida como um fenômeno que está sendo oferecido.

Na família, a intimidade se manifesta como um organismo quase biológico, um organismo com uma organização inerente à fecundidade da vida.

A vida familiar também se manifesta, na exterioridade, como um processo construído no mundo social. A família está presente, de forma implícita ou explícita, no trabalho, no lazer, na saúde, na doença — no cotidiano da vida no mundo.

## O projeto ao chamado

Ao fenômeno da doação, contrapõe-se a construção do projeto. No projeto, reúnem-se todos os recursos materiais disponíveis para serem organizados de uma determinada forma e apresentados no mundo das coisas.

Duas metáforas médicas:

1. O médico constrói diferentes abordagens diante de seu paciente. Por exemplo, o obstetra adota uma postura de "contemplação". Ele tenta não intervir, apenas observa a paciente — tanto nos recursos biológicos quanto nos "esforços" que de sua interioridade ele acompanha com sua atitude passiva.
2. Por outro lado, o cirurgião intervém, objetivando o corpo de sua paciente. Sua tarefa é decidir sobre variáveis pré-estabelecidas, que são aplicadas ao corpo, determinando o projeto cirúrgico.

A família se constitui na vida que desfruta, cuida e contempla. Ela recebe a doação da vida com o horizonte voltado à beleza que manifesta a glória de Deus. Mas também deixa espaço para outro horizonte: sua relação com o mundo visível, no qual a técnica intervém cientificamente sobre a família.

## Os Salmos são a oração da intimidade

Os Salmos são um verdadeiro *Vade Mecum* das emoções — vão desde "hinos" que exaltam os poderes cósmicos e forças militares até expressões de "Ação de Graças" que brotam da intimidade do sujeito. É a dança da família — com seus meninos, jovens, moças, adultos e anciãos — ao som da música e do canto.

A música nasce do ritmo do coração, da afinação dos instrumentos. As canções de ninar seriam um modelo para a linguagem da intimidade familiar?

Conta-se que, certa vez, alguns monges abandonaram o canto e adoeceram.

O acontecimento e sua constante intervenção no projeto. O canto costuma silenciar-se diante dos ruídos e manifestações externas da vida (a chamada "vida pública"). Por outro lado, a devoção se apresenta como testemunho da "realidade" do que acontece na vida. Negar essa realidade provoca mal-estar.

## Somos amados primeiro

O amor incondicional — o amor puro — é o "ambiente natural da intimidade", no qual se desenrola o fenômeno familiar: um casal que formaliza um compromisso responsável, "na alegria ou na tristeza", com igual intensidade.

A doação do amor, que continuamente chega da fonte da vida, é recebida pela família, mesmo com as dificuldades próprias da compreensão humana diante do que acontece no mundo social.

Na intimidade familiar, os integrantes da família "sentem" — ainda que nem sempre se lembrem — que foram amados primeiro. Um sentimento que, às vezes, é esquecido pela consciência.

A identidade de cada membro da família se desenvolverá a partir dessa nutrição do amor primeiro. É a partir dele que cresce a capacidade de amar.

A intimidade da família será um recurso essencial para se defender do estímulo invasivo dos aparatos tecnológicos. A família é para o adulto o que o leite é para o bebê.

A "queda" introduz uma nota de castigo na narrativa bíblica — um castigo que se traduz em sofrimento: pela dor que causa e pela surdez que impede a escuta da vida.

O som harmônico do batimento da vida, por vezes, nem o "leitor" consegue ouvir. Por isso, os "escritos" podem parecer, às vezes, um tanto enigmáticos.

Essa é uma leitura para a qual precisamos de ajuda. A percepção de seu som exige a experiência da misericórdia. O Espírito é quem abre o território da intimidade na qual a escuta se torna possível.

A presença da queda determina tempos de surdez, que impedem até mesmo a percepção dos batimentos da vida. No meio do ruído, objetivamos as relações e buscamos explicações causais para a dor.

Esse equívoco gera justificativas imaginárias, que nos fazem assumir a identidade de vítimas do mistério. Tomados pelo medo, construímos causalidades matemáticas.

Entretanto, ao meditarmos na leitura, descobrimos que na estrutura do relato bíblico há uma sequência: não há Sara sem Agar, nem Isaque sem Ismael, nem Novo Testamento sem o Antigo.

Além disso, vemos na Palavra que registros de culpa e obsessão "impedem os espaços de entrega", nos quais a intimidade é constituída.

É a chegada generosa da Graça que dissolve os grãos duros nos quais se concentram as obsessões. Com o terreno purificado, ele se transforma em um espaço vital e fecundo.

São as experiências de intimidade que, como acontecimentos, permitem ao sujeito contemplar a geratividade da carne redimida pela ação da "Graça".

É a partir da carne que brotam continuamente os "chamados" ao nosso plano consciente. O rejeitar essa Palavra que nos chama tem raízes antigas que remontam à queda. O oposto disso está narrado no acontecimento paradigmático da salvação e sua chegada à intimidade.

## Maria

Com o nascimento do Redentor, a intimidade é recriada em Maria, é o início da encarnação da "Palavra". Maria dialoga com o anjo a partir de uma escuta primordial.

Ela se relaciona com Deus a partir da novidade da intimidade. É a primeira mulher, desde a queda, cujo desejo não é manipulado. Ela é tratada com toda a dignidade da sua criação.

Nessa plenitude do desejo, subsiste um registro originário: o sopro do Criador — que, desta vez, alcança a pele do rosto de Maria. Sopro que, no tempo primordial, havia repousado sobre o barro vermelho. Sopro que, antes da fundação do mundo, já desenhava os rostos do casal humano.

No início, os relatos do casal humano estão entrelaçados com a culpa. É nesse espaço, tão próprio da construção mundana, que o Senhor da glória também abençoa o homem e a mulher.

No mesmo ato, por um lado, ele liberta a expressão do "desejo da mulher" e o trabalho do homem, ambos oprimidos desde a queda, como lemos em Gênesis 3.16.

Esse acontecimento cósmico é vivido por Maria, agora mulher livre, pela redenção da Graça. É no exercício de sua liberdade que ela recebe o anjo.

É ela quem expressa o próprio desejo — já não subjugada ao homem, mas diante de Deus, que a ama com amor incondicional. É no mais profundo silêncio da terra que ela pronuncia: *"... que aconteça comigo conforme a tua palavra"* (Lc 1.38).

A mulher experimenta a virgindade de sua "carne redimida", sente a disponibilidade de sua vida. Uma experiência na espontaneidade do desejo, que transformará para sempre a capacidade de escuta do casal humano.

Por isso, todos a chamarão "bem-aventurada", porque nela se inicia a liberdade do desejo na mulher, uma transformação que acompanhará a aurora do Novo Testamento.

Uma voz sublime responde ao anúncio do anjo. Uma voz que brota da carne. Experiência do originário, da encarnação que antecipa a biologia da ressurreição.

A intimidade que Deus cria em Maria alcançará José, transformando-o de uma masculinidade ressentida a uma companhia cuidadora, que protegerá Maria e o menino até sua autonomia.

Será nesses cuidados que Maria e José experimentarão a novidade da intimidade. Espaço no qual é revelado "diariamente" que "hoje" (agora), o Senhor da Glória (beleza) habita entre nós.

O casal humano (homem e mulher), agora "redimido", se despe das consequências da "desobediência" que causou a queda. E é a partir da intimidade que se inicia o cântico de Ação de Graças, o cântico que celebra a salvação, a Páscoa de hoje, a bênção de Deus e o casal redimido.

## Minha tese

Minha tese é que essa falha estrutural da origem é uma demanda permanente do inconsciente humano, um clamor por religação. Escutar esse grito exige a inspiração provocada pelo Espírito Santo.

Por sua vez, a redenção do tempo cronológico pelo "Kairós", tempo da vida, transforma radicalmente nossa relação com nossa interioridade.

Na queda, nós nos soltamos da gravidade da vida, um cair desorientador, interrompido apenas pelo sustento da graça, que transforma a escuta do mundo em escuta do coração.

Quando somos alcançados pela graça do Pai, ela nos ilumina e nos descobrimos em nossa condição de caídos. Ela também nos dá o poder de nos arrependermos dos projetos que criamos sem considerar essa condição.

Às vezes, um sussurro suave que vem desde a infância começa a ganhar volume. Esse sussurro se transforma em palavras à medida que nos tornamos menos obsessivos. E pode acontecer de nos descobrirmos gritando: "Senhor, vem logo!"

# Conclusão

A narrativa bíblica coloca a queda no início do Gênesis, um evento oculto na temporalidade cronológica. Contudo, é como um palimpsesto[108], que contamina todas as obras que empreendemos.

A redenção de Jesus Cristo, o Filho de Deus, alcança por obra do Espírito Santo homens e mulheres com a mesma intensidade para viver o Kairós da Graça.

108 Pergaminho que, depois de lavado e raspado para apagar o texto primitivo, é reutilizado para outro texto. Em um contexto espiritual, costuma ser usado para falar de experiências, identidades ou histórias que se sobrepõem na alma ou na vida de alguém, como marcas antigas que ainda permanecem, mesmo quando algo novo é escrito sobre elas. (N. de Revisão)

# 4

# A MUTUALIDADE NA SEXUALIDADE CONJUGAL

*Carlos "Catito" Grzybowski*[109]

A sexualidade, depois de ter sido um tema tabu por muitos séculos, especialmente no mundo ocidental europeizado, passou a ser, atualmente, um tema muito debatido. Centenas de pessoas se autoproclamam "experts" no assunto e, com o auxílio da tecnologia, divulgam e defendem suas ideias sem qualquer constrangimento e, muitas vezes (gostaria de afirmar a maioria das vezes), sem embasamento científico algum.

Basta alguém digitar a palavra "sexo" em diretórios de busca como o Google e surgirão centenas de sites, textos, vídeos e links, com as mais variadas informações — isso não levando em conta os sites e links da chamada "dark web", cujos conteúdos ligados ao tema sexo só contêm pornografia e perversões.

Na quase totalidade das informações disponíveis sobre o tema, especialmente da mídia digital, o que observamos é um reducionismo, comum em muitos campos das ciências do comportamento e que querem nos levar a pensar a sexualidade como sendo algo exclusivamente sensorial e fisiológico. Foi a partir das teorias de Freud que desenvolvemos a ideia de uma sexualidade adquirida nos primeiros anos da infância, regida por uma "energia" que é conhecida como "libido". Tais conceitos são bastante questionáveis

---

109 Carlos "Catito" Grzybowski é psicólogo, especialista em terapia de casais e famílias, mestre em Psicologia da infância e adolescência e doutor em Linguística Aplicada.

desde o ponto de vista de outras teorias no campo da Psicologia, como a Teoria Sistêmica.

Minha proposta em relação a esse tema é pensar o mesmo a partir da perspectiva relacional e fazer aproximações com interpretações de alguns textos bíblicos. Convido o leitor a "pensar fora da caixinha" — não se CON - FORMANDO (tomando a forma) com o senso comum da sociedade, mas buscando se TRANS - FORMAR (ultrapassar a forma), seguindo o desafio apostólico (cf. Rm 12.2).

Pensar a sexualidade como sendo somente uma expressão sensorial/fisiológica é um grande equívoco. O principal agente construtor de nossa sexualidade é nossa mente. É através dela que somos capazes de evocar sentimentos de desejo ou repulsa, de excitação ou aversão, de amor ou ódio. A mente humana é extremamente complexa e construída a partir de influências genéticas, ambientais, familiares, sociais, religiosas, culturais e uma infinidade de outras influências que vão moldando nossa forma de perceber a realidade. Logo, a sexualidade humana é algo de uma complexidade muito grande.

Assim a sexualidade humana deve ser compreendida dentro desta condição de complexidade intrínseca a ela.

Acima de tudo, porém, a sexualidade precisa ser compreendida dentro da dimensão da relacionalidade. Somos seres relacionais e a sexualidade é, sem sombra de dúvidas, uma das expressões de nossos relacionamentos. O outro é que me constitui: só SOU diante de um OUTRO. Por exemplo: só sou pai na relação com meus filhos; só sou professor na relação com meus alunos; só me torno marido diante de minha esposa!

As mudanças sociais das últimas décadas, com excessiva ênfase no individualismo, transformaram a sexualidade, de uma expressão relacional em uma expressão objetal, ou seja, em vez de o outro me constituir, torna-se um objeto para meu uso, na busca de um desfrute sensorial/fisiológico. Essa busca é sempre insaciável e nesse viés surgem todas as perversões e a indústria da pornografia.

O que quero efetivamente dizer quando falo de uma sexualidade relacional? A sexualidade relacional é aquela que, muito antes da penetração genital, busca a interpenetração de "outros orifícios" relacionais: a interpenetração do olhar, que atravessa o orifício da pupila e enxerga/deixa enxergar a alma; a interpenetração do falar, que atravessa o orifício auditivo e toca o mais profundo do ser — não apenas a pele! Para se atingir essas outras interpenetrações é necessário muito tempo e diálogo fecundo. Elas não vão acontecer em um encontro rápido, furtivo, com finalidade exclusivamente sexual. Em tais encontros o máximo que se obtém é o orgasmo fisiológico, entretanto a verdadeira celebração da sexualidade é muito superior a isso.

Para uma compreensão melhor do exposto quero utilizar a metáfora do relacionamento do primeiro casal, inspirada em um texto não publicado do Dr. Carlos Hernández.[110] Parto do princípio de que esse primeiro casal, embora com corpos plenamente adultos, tinha uma mente que estava em amplo processo de aprendizagem, na medida em que vivenciava suas experiências, ou seja, não tinha uma mentalidade adulta desenvolvida e madura como os adultos que introjetam anos de educação até chegarem à maturidade.

Logo o primeiro fato marcante deste relacionamento é que eles descobrem juntos a maravilha da intimidade.

Ao contrário de muitas pessoas que hipervalorizam o relacionamento com seus pets, o ser criado não encontra, nem no mais dócil animal, alguém que realmente lhe preencha de forma plena e manifesta isso ao Criador. Em sua imensa sapiência, Deus coloca o homem em um sono profundo e retira dele uma parte de seus ossos e de sua carne. Segundo o relato bíblico essa porção seria tirada da região do tórax — uma costela (cf. Gn 2:21-22). Segundo a crendice popular o homem teria menos costelas que as mulheres, mas isso não é verdade: ambos têm a mesma quantidade de 12 pares de costelas.

Ao despertar de seu sono profundo o homem fica maravilhado com o ser que está diante dele. Sua retina é "penetrada" por milhões de fótons que, transmitidos pelo nervo óptico, são decodificados nos centros neurais. Mas não seguem as redes neurais que conduzem ao hemisfério esquerdo, nosso hemisfério lógico, racional; antes vão direto ao hemisfério direito, o hemisfério chamado de não lógico, onde se processam os elementos da estética, da ética e da espiritualidade, entre outros. Assim o primeiro elemento da sexualidade emerge da fusão entre emoção, estética e espiritualidade que é descrita como *este é um mistério profundo* (Ef 5.32).

110 HERNÁNDEZ, Carlos J. *Algunas conjeturas sobre la narrativa del Génesis*, texto não publicado, 2017.

Logo essa imagem transmitida produz uma alteração neurofisiológica em parte de seu sistema nervoso autônomo: causa uma arritmia (talvez causada pela falta de um pedacinho de seu coração, que foi tirado dele para formar esse novo ser que está agora diante dele); também sente alterações estranhas em seu estômago e a musculatura de sustentação das pernas parecem perder a tonicidade. A esse conjunto de alterações a ciência, milênios mais tarde, viria a chamar de emoção!

A emoção, como nós a conhecemos hoje, é a vivência mais profunda que a atração do outro provoca em mim. Para que isso fosse possível o Deus Triuno fixou sua marca (Imago Dei) no casal humano. Não em um, nem no outro, mas na relação que surge na ressonância da carne de ambos. Ressonância que é percebida como emoção: inexprimível em palavras, que nos toma e nos encanta (e a que ciência não consegue explicar plenamente).

Se no homem todas essas alterações são manifestadas, há uma correspondência total delas neste ser que está diante dele (e que dele foi tirado). A troca desses olhares, que se interpenetram, causam esse estado pré-orgástico característico da sexualidade relacional. Essa não é uma troca de olhares lascivos pois a intenção não é a posse do corpo do outro na busca de uma experiência sensorial, antes é uma experiência de êxtase estético — similar, por exemplo, à experiência que temos quando ficamos embevecidos com um pôr-do-sol ou com uma obra de arte.

Relembro que estou pensando em dois seres cujas mentes estão se abrindo a uma nova realidade que os vai impactando e construindo a experiência de ser no mundo. A experiência de ser penetrado (ou serem interpenetrados) pelo olhar desse outro, que me encanta, é a primeira daquelas que tornarão a sexualidade a mais profunda expressão da ternura.

Após esse impacto estético visual, o homem pronuncia uma frase. É a primeira fala humana efetivamente registrada e dirigida àquela que produziu nele tal encantamento que alterou sua fisiologia. Esta fala refere-se ao reconhecimento da mulher como ser complementário (cf. Gn 2.23). Trata-se da passagem do "eu autocentrado" para o relacional, que é marca indelével do início do desfrutar da intimidade.

Embora não esteja no registro bíblico, gosto de pensar que antes de expressar uma frase inteligível o homem tenha dado um grande suspiro e ao expelir o ar de seus pulmões saiu um sonoro: UAU!!! Seguido então por uma descrição do outro como alguém que não só o complementa e encanta, como também o tira de sua condição de solidão existencial, nesse sentido "auxiliadora", ou seja, capaz de proporcionar-lhe uma ajuda em algo que nenhum outro ser foi capaz de fazer.

Tal frase penetra nos ouvidos da mulher que está diante dele e, somando-se ao olhar, desencadeia igualmente alterações em um nível neurofisiológico — novas emoções. A linguagem tem esse efeito sobre nós: embora sejam somente palavras, elas nos afetam em níveis neurofisiológicos profundos, gerando reações das mais diversas. Quando alguém grita conosco, imediatamente nossa musculatura fica retesada e tonificada, pronta para uma ação de fuga.

Por outro lado, quando ouvimos uma declaração de amor, a musculatura relaxa e há uma sensação de bem-estar que incrementa a excitação do estado pré-orgástico. Assim o segundo orifício penetrado nessa expressão relacional da ternura é o canal auditivo.

Watzlawick et all[111], afirmam que toda conduta, não só as expressões verbais, é uma forma de comunicação e que, junto com o que verbalizamos, transmitimos uma série de sinais metacomunicativos que validam ou invalidam o verbalizado. Desta forma a comunicação da ternura é validada no toque da carícia — a metacomunicação da ternura pelo toque. Tocar o outro para comunicar algo que não se pode exprimir em palavras.

Esse tocar não é no movimento retensivo/possessivo. O toque possessivo sempre produz tensão. Para se reter ou possuir algo eu preciso contrair a musculatura dos dedos (para agarrar) e a musculatura dos braços (para trazer para mim). Sempre me lembro de uma canção popular cuja letra diz: "Ai, se eu te pego!" e o cantor quando a interpreta faz exatamente esse gesto de possessão.

Ao contrário, o toque de ternura, da sexualidade relacional, se expressa sempre no movimento de distensão/entrega. É quando ofereço algo ao outro que a musculatura dos meus braços se distende e a da mão relaxa e a entrega acontece. O maior ato de amor, de entrega terna e voluntária que a humanidade já conheceu aconteceu com os braços abertos: *"Pai, nas tuas mãos entrego..."* (Lc 23.46)!

111 WATZLAWICK, Paul, BEAVIN, Janet H. e JACKSON, Don D. *Pragmática da comunicação humana*. 22ª ed. (São Paulo/SP: Cultrix, 2011.)

É esse tocar que permite que a pele do outro direcione o meu toque, com a suavidade que amplia a sensação de ser profundamente amado pelo outro, em uma relação interpessoal e interpenetrável, imprevisível em qualquer aspecto imaginativo.

Esse toque de ternura que comunica meu encantamento pelo outro atinge sua expressão máxima na interpenetração genital, que, como citado acima, também é uma forma de comunicação da ternura. Nessa forma de comunicação eu estou dizendo ao outro, de forma não verbal: "Te amo tanto que quero você dentro de mim"!

Essa é a essência do que denomino de sexualidade relacional. Uma intimidade relacional que tem a transparência plena como símbolo dessa essência (cf. Gn 2.25).

É na transparência que posso experimentar um pouco do significado do amor incondicional. Somente quando eu me deixo conhecer plenamente, expondo ao outro todas minhas falibilidades e torpezas ("estar nu e não se envergonhar"), é que posso ser acolhido pelo que verdadeiramente sou e não pela máscara social que apresento. Desnudar-se de alma implica claramente o risco de ser rejeitado, que é o medo mais básico de todo ser humano, e por isso evitamos ao máximo nos deixarmos conhecer. Entretando quando me dou a conhecer, especialmente àquela pessoa com quem tenho um compromisso de vida, consigo experimentar um pouquinho, um rascunho, um leve borrão, da forma como Deus me ama: incondicionalmente.

Infelizmente o relato bíblico não termina com a beleza da dimensão relacional da sexualidade, mas é seguida pelo terror da noite não relacional! A serpente traz o apelo do prazer imediato, sensorial (cf. Gn 3.6) e seduz a mulher, imatura, deslumbrada, que resolve buscar as novas sensações prometidas e convida o marido a buscar as mesmas sensações.

Nas sombras da falta de diálogo entre o casal, a transparência é rompida (cf. Gn 3.7-8) e nesse momento a complementaridade relacional é superada por um retrocesso ao autocentrismo e o homem tenta defender a si mesmo acusando aquela que antes era uma unidade com ele. Desse modelo implanta-se na mulher um sofrimento e sua ruptura interna se expressa em seu desejo de agradar seu marido e, ao mesmo tempo, buscar sua autonomia enquanto pessoa (cf. Gn 3.15). A maternidade é o símbolo figurativo desta cisão interior: dor e prazer se mesclam na geração da vida e na continuidade da existência.

Infelizmente vivemos em uma sociedade e uma sexualidade norteada pela queda e que tem influenciado a igreja cristã ao longo dos séculos, de muitas formas no que diz respeito ao tema da sexualidade e, na maioria das vezes, negativamente.

Nos primeiros séculos da igreja houve uma forte influência da filosofia grega, que fazia uma divisão entre matéria e espírito, afirmando que este era bom e aquela era ruim — logo a sexualidade era vista como algo que se opunha ao espírito. No início da Idade Média outra grave distorção atingiu a Teologia cristã, quando se atrelou o pecado original à relação sexual e novamente a sexualidade passou a ter matizes negativos e que atentam contra a espiritualidade. Os movimentos pietistas e fundamentalistas do final do século 19 e início do século 20 também percebiam a sexualidade de forma negativa.

A influência dos pensamentos de Freud, os movimentos feministas, as duas revoluções químicas da sexualidade (anticoncepcional e viagra) e a predominância de uma ideologia político-econômica única no Ocidente pós-moderno na virada do século 21 também foram elementos principais em torno dos quais se estruturou uma "nova" sexualidade, cujos eixos principais são a sensorialidade e a relação objetal.

A sexualidade foi reduzida ao nível do instintual e fisiológico e a finalidade última passou a ser apenas a experiência sensorial. O outro é apenas um objeto de consumo que se usa para tentar se atingir uma sensação "fantástica" (o orgasmo ideal) — já não é mais uma pessoa, portadora da *Imago Dei* e, portanto, digna de um tratamento com toda a reverência, pois possui "algo" de Deus!

Acredita-se que sempre haverá "algo mais", nessa busca sensorial, o que nunca ocorre e gera insatisfação e insaciabilidade, abrindo a porta para toda perversão e pornografia. A expressão máxima disso é o "ficar", onde o outro é apenas um estímulo para minhas sensações fisiológicas.

Mesmo dentro da igreja, muitos não têm conseguido pensar criticamente as questões da sexualidade. Adotam a percepção de uma sexualidade atrelada a uma "energia" — a libido, sem se perguntarem: Que tipo de energia é essa?

> O conceito libido deriva do termo latino libere, que significa desejo, ânsia, ter vontade, aquilo que dá prazer. Esta designação foi inicialmente usada por Freud para designar a energia psíquica associada às pulsões vitais e, em particular, a pulsão sexual, que estaria na base de todas as outras.[112]

Assim damos por assentado que existe uma força/energia motriz, de cunho exclusivamente fisiológico, movido pelos hormônios do estrogênio e da testosterona, que excitam o corpo dos homens e mulheres para a atividade sexual e por isso devem ser mantidos em um bom grau de presença dentro do organismo para que o corpo "funcione" direito.

Logo a principal tarefa da igreja seria encontrar mecanismos de contenção e direcionamento dessa energia para que a sexualidade se expresse dentro de parâmetros "aceitáveis", segundo a moral social. Reprime-se, então, de muitas formas tudo aquilo que é considerado imoral e uma das principais formas de repressão é não falar muito no tema para não despertar fantasias que possam ser difíceis de serem contidas. Então, na sociedade em geral a igreja passa a ser vista como um instrumento de repressão da sexualidade.

Vejo casais que vão à igreja, são bons membros em suas comunidades e alguns até lideram ministérios voltados para casais e família, mas que se divorciam ou traem seus cônjuges apenas por uma busca de experiências sensoriais sexuais. Acreditam que a intensidade do prazer sexual que podem alcançar com seus amantes é superior ao que alcançam com seus cônjuges.

Isso é um tremendo equívoco, pois o prazer na intimidade sexual depende muito mais da mente que da pele ou hormônios. Quando não há prazer íntimo entre um casal é porque não há diálogo aberto e transparente sobre o tema e a relação sexual passa a ser algo mecânico e não mais uma expressão de ternura entre os cônjuges.

A sexualidade que deveríamos buscar é a relacional, que vê no outro mais que um objeto que vai lhe proporcionar prazer, mas acima e além disso, uma pessoa com a qual irá compartilhar a ternura — que é a essência do vínculo!

Essa outra pessoa é com quem estabeleço um vínculo ao declarar meu compromisso de caminhada companheira e solidária por toda a vida e sobre esse vínculo sinto a liberdade de entrega e desfruto a aceitação incondicional.

---

112 INFOPÉDIA, Libido, *Dicionários Porto Editora*. Disponível em: https://cutt.ly/tra31grX (acesso em 01/04/2025).

No aprofundamento desse vínculo emerge cada dia com maior intensidade a ternura, que se expressa de variadas formas: escuta atenta ao outro, disposição de servir, partilha de sentimentos (positivos e negativos), divisão de tarefas e responsabilidades (domésticas, laborais, financeiras, etc.), toques físicos (beijos, abraços, carinhos) e intercurso sexual, sendo esse último a expressão máxima da ternura.

Enquanto não vivenciarmos e ensinarmos em nossas igrejas e aos nossos filhos a sexualidade relacional, propósito de Deus na criação, facilmente deslizaremos para um padrão de "conformidade" com a sociedade e não seremos agentes de "transformação" da mesma (cf. Rm 12.2)!

# 5

# A HARMONIZAÇÃO MÚTUA DAS DIFERENÇAS

*Clarice Ebert*[113]

O desejo de estar em harmonia, em concordância, em acordo e em paz é pauta indispensável para a vida conjunta. Geralmente, quando algo está em desiquilíbrio no relacionamento conjugal, surge um desconforto ou uma angústia que mobiliza para a busca de um novo equilíbrio. Mas, nem sempre estar em um equilíbrio significa estar em harmonia. É possível vivenciar equilíbrios que sinalizem que a dinâmica conjugal entrou em um modo automático, como em uma gangorra, que sobe e desce, funcionando sempre de um mesmo jeito. Equilíbrios assim, podem ser experimentados com muito desconforto.

As crises podem eclodir com a função de desiquilibrar um equilíbrio ruim e mobilizar para um novo equilíbrio, mais funcional e satisfatório. Podem promover movimentos que exigirão o estabelecimento de novas formas de interação conjugal, buscando quebrar o padrão gerador das dificuldades que se apresenta equilibradamente cronificado em suas disfuncionalidades.[114]

Infelizmente, muitas vezes o casal até consegue avançar, mas desiste na proatividade da implementação de mudanças e retorna para a disfuncionalidade do equilíbrio automático anterior. Caso as crises, que são inevitáveis

113 Psicóloga (CRP08/14038), terapeuta familiar, especialista em Terapia Familiar e de casais, mestre em Teologia, professora, palestrante e escritora.
114 CARTER, B.; McGOLDRICK, M. e cols. *As mudanças no Ciclo de Vida Familiar.* (Porto Alegre/RS: Artes Médicas, 1994.)

em qualquer casamento, não sejam suficientes para alertar o casal de que mudanças são requeridas e não derem conta de desmantelar as dinâmicas conjugais disfuncionais, podem surgir verdadeiras turbulências, ou mesmo catástrofes. Mas, o casal que seguir mútua e proativamente no investimento de uma relação amorosa, afetiva e respeitosa, poderá experimentar uma transformação e evolução em seu relacionamento, colhendo os bons frutos de um equilíbrio novo que evidencie a harmonização das inevitáveis diferenças, imperfeições e insuficiências.

## Diferenças, imperfeições e insuficiências

A constatação das diferenças, das imperfeições e das insuficiências se mostra aflorada na convivência aproximada em um casamento. Essa constatação, ao invés de ser algo negativo, pode levar um casal a um patamar de muita intimidade e leveza.

As diferenças que cada um traz são grandes riquezas para ambos. Não deveriam ser combatidas, mas, acolhidas. Na percepção das diferenças os cônjuges descobrem que nem sempre concordam, se entendem, gostam das mesmas coisas, têm os mesmos ritmos e padrões no comer, no dormir, no desejar o sexo, entre outros. Aceitar e ser aceito é um exercício de amor, respeito e empatia. A aceitação propicia a liberdade para cada um ser pessoa na relação. Essa liberdade transforma o "estar com o outro", no melhor lugar do mundo para se estar.

Assim como as diferenças, as imperfeições são inerentes ao ser humano, pois mostram a humanidade de cada um. Ninguém é perfeito, nenhuma relação é e jamais será. No mundo real os casamentos, mesmo pautados no amor e na espiritualidade, não serão perfeitos. Os cônjuges continuarão humanos e imperfeitos, e haverá lacunas e falhas mesmo nos melhores casamentos.

Expectar pelo ideal do outro, no real, exaure a alegria e a perspectiva da beleza das coisas simples e importantes na convivência. A expectativa de que o outro seja perfeito pode nos cegar em relação às próprias imperfeições. Podemos ser como aquele símio que se senta em cima da própria cauda, escondendo-a, e critica a cauda do outro, como se ele não a tivesse. Quando exigimos a perfeição, seja do outro, seja de nós mesmos, podemos ser arrogantes, egoístas e muitas vezes desumanos, tornando-nos prisioneiros do próprio umbigo e incapazes de exercer compaixão.

Mais benevolentes podemos fortalecer a esperança na possibilidade de reparação dos danos cometidos. Obviamente que a aceitação das imperfeições, da forma como foi aqui mencionada, não se refere à aceitação de maldades, perversões e crueldades que colocam em risco a integridade da vida humana.

No dito popular é normatizado que "errar é humano e errar de novo é burrice". Mas, nem sempre errar de novo é burrice, pode ser humano também. Mesmo sendo imperfeitos, nem tudo está perdido, pois também temos a condição humana de ser perfectíveis, ou seja, podemos melhorar e aprimorar. O exercício da aceitação, do amor, do perdão e da empatia deveria ser direcionado um ao outro com mais generosidade. A aceitação de que se pode crescer, amadurecer em meio à percepção de que se pode avançar e ser uma pessoa melhor para si e para outro, gera mais leveza no relacionamento.

As diferenças e as imperfeições ajudam a mostrar as insuficiências. Elas sinalizam que em um relacionamento ninguém é capaz de preencher os vazios existenciais do outro, nem mesmo de atender a todas as expectativas de felicidade. É impróprio justificar uma traição conjugal apontando a insuficiência do cônjuge. Se fosse assim, todas as pessoas em relacionamentos poderiam utilizar esta justificativa, simplesmente porque a insuficiência é uma condição humana de todas as pessoas, ou seja, todos somos insuficientes.

Sempre que se espera que o outro ocupe o lugar do Deus suficiente, onipresente e onisciente em nossa vida, a frustração será certa. Somente Deus lê pensamento e coração. Nós, humanos, para entendermos o outro e sermos entendidos, precisamos nos revelar. Basicamente porque não é possível um saber do interior do outro, sem que seja contado por ele. "Do outro nada sei a não ser que ele me conte", nos ensina o professor Carlos José Hernández.[115] Uma nova postura deve ser assumida na interação com o cônjuge, que é desvestir-se de um suposto saber e dar atenção ao que ele tem para contar e revelar de si. Da mesma forma, deve-se aceitar o fato de que o outro somente saberá de nós se contarmos a ele.

115 Frase mencionada pelo professor em aula de pós-graduação em Terapia Familiar Sistêmica, de EIRENE do Brasil, no ano de 2000.

Desapegar de expectativas de suficiência em relação ao cônjuge e abdicar da tarefa de ser suficiente, pode libertar de dependências e codependências emocionais.

Impor ao outro que se encaixe em suas demandas o tempo todo e o desqualificar quando assim não faz, pode sinalizar uma comunicação violenta. Um casal que vivencia uma dinâmica de comunicação acusativa em um modo combativo pode estar em risco de desconexão. Como o casal descrito em Provérbios 21.9,19: *Melhor é viver num canto sob o telhado do que repartir a casa com uma mulher briguenta.* [...] *Melhor é viver no deserto do que com uma mulher briguenta e amargurada.* Esse casal se estruturou em uma dinâmica retroalimentativa disfuncional. Ambos se posicionaram de maneira reativa e, dessa forma, contribuíram para que assim se instalasse. Por um lado, há uma mulher muito brava e por outro, um homem muito distante. Quanto mais brava ela fica, tanto mais distante ele se mantém. Quanto mais distante ele se mantém, tanto mais brava ela fica. Ambos teriam trabalho a fazer para saírem dessa dinâmica reativa, que promove angústias e afastamentos, para implementarem uma dinâmica mais proativa na construção de uma reaproximação sem tantas ameaças. Ela precisaria monitorar as irritações e ele, sair do isolamento.

Uma dinâmica parecida era vivenciada por Jorge e Cristina.[116] Ele já não aguentava mais. Cada vez que entrava em casa, ela já apontava uma desqualificação. O seu jeito de caminhar, sentar-se, comer, vestir-se e falar sempre precisavam de correções. Depois de um longo dia de trabalho, ela metralhava: "Você é muito acomodado, não tem ambição, assim nunca teremos nossos sonhos realizados". Ele já entrava desanimado em casa, ou então irritado e esbravejava para se defender. Tudo o que ele queria era se isolar no quarto ou se largar em frente à TV. Essa mulher parecia querer mudar quem ele era em sua essência. Sentia-se ameaçado e muito chateado. Mas, de certa forma, ele lembra que os sinais já eram evidentes antes. Para o cerimonial do casamento ela havia determinado enfaticamente todos os detalhes de como ele deveria se vestir, calçar e pentear. Para aquela ocasião, ingenuamente, ele arriscou e decidiu fazer uma surpresa para ela e vestiu-se de acordo com o seu estilo e não seguiu as determinações dela. Lá estava ele no altar, aguardando por Cristina, sua noiva exuberante.

116 Caso ilustrativo baseado em situações reais, apresentado com nomes e detalhes alterados para manter o anonimato dos envolvidos.

Ela desfilou pelo corredor nupcial e viu que ele não havia seguido o que ela havia determinado. Ao se aproximar dele, ela sussurrou em seu ouvido: "Você está uma @&*%$*". Infelizmente, na convivência só foi piorando. Certamente ele poderia melhorar como pessoa, mas as inúmeras desqualificações pareciam querer convencê-lo de que ele estava todo errado e inadequado. Não se sentia amado, nem valorizado e muito menos validado como pessoa. Com o passar do tempo, o desprazer e a desesperança se instalaram na convivência e ele foi se isolando cada vez mais. Assim, na ausência de harmonização das diferenças, foram se desconectando.

O desapego do outro idealizado e a aceitação do outro real somente passa a ser possível na medida em que as diferenças que cada um apresenta não são extintas ou somente aceitas, mas ao serem estimuladas em sua existência.

O casal cresce ao se conscientizar de que as diferenças são as riquezas que cada um traz para contribuir no enriquecimento relacional. Harmonizar as diferenças pode exigir algum empenho a mais na convivência. No entanto, a colheita desse investimento gerará uma conexão sublime e fortalecerá o sentido da vida a dois.

As diferenças, as imperfeições e insuficiências são inevitáveis, pois estão registradas na particularidade de cada pessoa. Não existem pessoas que não expressem diferença alguma em relação a outra, pois as peculiaridades estão evidentes no desenho do corpo, na cor da personalidade, na sensibilidade da espiritualidade, na percepção das situações, nas intuições e discernimentos, nos gostos, gastos, gestos, desejos e estilos. Esperar que o cônjuge se abandone ou se anule para se adaptar e se encaixar ao seu jeito de ser pode ser falta de amor, de bom senso e de ética. Em alguns casos pode até mesmo evidenciar crueldade.

Aceitar as diferenças, as imperfeições e as insuficiências um do outro favorece a mutualidade na construção de um vínculo mais satisfatório, harmônico e sinérgico entre um casal.

## A PROXIMIDADE RELACIONAL

O casamento é uma das condições de maior proximidade relacional. Na convivência, essa proximidade deixará visível para os casados muitos aspectos outrora não percebidos. Muito disso acontece, porque na fase do enamoramento, da paixão, o olhar para o outro estava contaminado pelas idealizações que se tinha a respeito dele.

No início da vida a dois o outro é idealizado (imaginado) em uma vida idealizada. Os sentimentos são de grande paixão. Os investimentos são de sedução e conquista. As expectativas são idealizadas. Muitos casais cristãos pensam: "Com Deus e o nosso amor, que é MUITO especial, NÃO teremos crises, brigas, conflitos, discordâncias, traições, lacunas sexuais etc. O nosso lar será verdadeiramente um 'Lar Doce Lar', em uma harmonia celestial. Após o cerimonial do casamento isso estará conquistado de uma vez por todas e a felicidade estará plenamente garantida".

O pensamento acima era o de Ribamar e Olga.[117] Eles eram muito bonitos, já mais maduros em idade e cristãos dedicados e envolvidos em ministérios pastorais. Estavam orando e aguardando para que Deus direcionasse a pessoa certa preparada para cada um deles. A indicação dos amigos e familiares os colocou em contato, começaram a conversar e a se conhecer. As orações continuaram para que Deus revelasse se era da vontade de Deus que se casassem. Nas consideradas respostas de orações acolheram as revelações surgidas em sonhos, nas confirmações por parte de pessoas e pela Palavra de Deus. Tudo parecia orquestrado pelo céu desde antes da fundação do mundo. Nem eram tão apaixonados, mas se casaram extremamente convictos de que Deus nem sempre une pessoas, mas propósitos. Na sua proximidade relacional, estranharam-se desde a lua-de-mel, quando os problemas já se iniciaram. Desde então, inúmeros conflitos e angústias se instalaram em sua convivência. Foram criando a fantasia de que seria possível ser um casal pastoral usado por Deus dentro de um propósito ministerial e, simultaneamente, viver em um casamento caótico. Apenas aguardavam por um milagre. Certamente Deus tem propósitos ministeriais com casais e faz milagres, mas Ribamar e Olga tinham muito a aprender sobre a união de pessoas, para conseguirem conviver e harmonizar suas diferenças, imperfeições e insuficiências como casal.

117 Caso ilustrativo baseado em situações reais, apresentado com nomes e detalhes alterados para manter o anonimato dos envolvidos.

O fato é que após o cerimonial do casamento surgem os desafios para qualquer casal. Basicamente porque ambos se deparam com a vida real. Agora há boletos, a vida doméstica (alimentação, louça e roupa suja, lixos), as rotinas e agendas (individuais e do casal), a saúde intercalando com a doença, dentre outras demandas. Vai caindo a ficha de que a "casa da mãe e do pai não é mais minha", o que pode suscitar angústia para alguns. A constatação das diferenças, imperfeições e insuficiências em atender as necessidades e expectativas de felicidade de cada um, e de que nem tudo está conquistado definitivamente, pode gerar desconforto e frustração.

Na convivência, quando os cônjuges, se deparam com o outro real e com a vida real, que não se encaixa com o imaginado de outrora, boa parte dos conflitos conjugais se apresentam devido a dificuldades em acolher e aceitar o outro real, e por insistir em uma dinâmica de imposição ao outro para que se encaixe nas idealizações anteriores.

Aqueles que se abrirem ao aprendizado e o casal que decidir permanecer junto e crescer, terá a oportunidade de experimentar uma linda história de amor e, assim, conseguirão vencer os desafios que encontrarão ao longo da vida conjunta. Os desafios, após o casal se deparar com a vida real e o outro real, apresentam um convite para o crescimento pessoal e relacional.

## Construção do vínculo conjugal

Construir um vínculo conjugal envolve muito mais do que apenas "ter um amor e uma cabana". É preciso considerar que o sistema conjugal não é meramente uma união de duas pessoas, mas a conjunção de duas famílias que exercem influência e criam uma complexa rede de subsistemas.[118] Muito além de compartilharem entre si os desafios da caminhada conjugal, os cônjuges compartilham também com outras pessoas os processos evolutivos de galanteio, da construção do "ninho", da educação dos filhos e da vivência do "ninho vazio"[119], conforme nos ensina o terapeuta familiar Jay Halley.[120]

118 MINUCHIN, *Famílias: funcionamento e tratamento.*

119 Ninho vazio: a fase da vida familiar em que o casal fica novamente sem os filhos, que ao crescerem, seguem rumo à independência da vida adulta.

120 HALLEY, Jay. *A Terapia Não Convencional.* (São Paulo/SP: Editora Summus, 1991.)

Para que a unidade conjugal se configure em uma conexão duradoura o casal passa por alguns estágios em sua convivência. As pesquisadoras Carter e McGoldrick[121] mencionam que os estágios evoluem a partir do romance até o ápice da generatividade. Os estágios situados entre esses dois, mostram que o casal passa por desilusões, luta pelo poder e impulsos de desistência e separação. Muitos desistem pelo meio do caminho e rompem o relacionamento. Aqueles que decidem crescer juntos e avançar, seguem assumindo responsabilidades e renegociações em diálogos que favoreçam o acolhimento um do outro. Experimentam um equilíbrio mais satisfatório que os leva a uma generatividade, em uma vida frutífera e abundante.

Ao adentrarem o matrimônio, os apaixonados partem para uma aventura a dois que lhes trará experiências que podem ser enriquecedoras permitindo que cresçam e amadureçam juntos. Nessa trajetória os cônjuges terão oportunidade de se conhecerem no dia a dia. Na mutualidade de uma dinâmica acolhedora vão revelando cada vez mais seu jeito de ser e de pensar um para o outro.

No entanto, caso a dinâmica conjugal se estabeleça em um modo combativo e competitivo, os cônjuges correm o risco de se cansarem na caminhada, de se estranharem a tal ponto que o desconforto os empurre para uma desconexão conjugal. Porém, se os cônjuges aceitarem o desafio de seguirem crescendo juntos poderão descobrir e experimentar o verdadeiro sentido do amor e de sua união.

Levando em conta as interferências significativas na estrutura conjugal e familiar, pretende-se discorrer, na sequência, sobre os processos que permeiam a resolução de conflitos e a importância da criatividade para a construção do "nós".

## Afinal por que tantos conflitos? Será que o amor acabou?

Geralmente o que aproxima duas pessoas para o início de um relacionamento é a paixão. O amor, em geral, emerge mais adiante. O apaixonar-se é um

121 CARTER, MACGOLDRICK, e cols. *As mudanças no ciclo de vida familiar.*

sentimento incrível e incomparável. É uma atração irresistível por alguém e uma experiência maravilhosa de abertura aos assuntos do coração.[122]

Apaixonar-se é encontrar alguém que revela informalmente por meio de microssinais que tem algo daquilo que faz parte de nossa essência mais íntima. Algo da nossa identidade, personalidade, anseios, desejos, etc.[123] O outro idealizado, a partir dos referenciais pessoais internos, é a base da paixão e o propulsor da escolha do cônjuge. Dessa forma, quando nos casamos apaixonados, não o fazemos com o outro real, mas com o outro idealizado.

Essa idealização se mostra no pacto conjugal, que acontece no casamento. Segundo Vittorio Cigoli[124], esse pacto é permeado tanto por um pacto expresso quanto por um pacto secreto.

## O secreto e o expresso no pacto conjugal

Vittorio Cigoli[125] explica que no pacto expresso assumimos socialmente uma parceria no matrimônio com outra pessoa, diante da família, testemunhas, lei e sociedade, em que expressamos os votos de fidelidade, compromisso e amor incondicional — na alegria e na tristeza, na saúde e na doença, na pobreza e na riqueza, etc. Já no pacto secreto[126] assumimos internamente, de forma inconsciente, uma parceria com o outro idealizado, nosso parceiro invisível. Esse parceiro que de alguma forma foi idealizado e projetado na pessoa com quem escolhemos nos casar. A escolha por essa pessoa específica, com quem se está casando, ocorre por ela se encaixar ideologicamente ("aparentemente") com o secreto parceiro invisível.[127]

Dessa forma, discursamos no pacto expresso de que estamos nos casando para fazer o outro feliz, porque existe um amor apaixonado e verdadeiro.

---

122 SANFORD, John A. *Os Parceiros Invisíveis.* 5ª Ed. (São Paulo/SP: Paulus, 1980.)

123 ANTON, Iara Camaratta. *Homem e Mulher: seus vínculos secretos.* (Porto Alegre/RS: Artmed, 2001.)

124 CIGOLI, Vittorio. "O pacto conjugal: pacto expresso e pacto secreto", in: ANDOLFI, M. (Org.). *A crise do Casal.* (Porto Alegre/RS: Artes Médicas, 2002.)

125 Ibid.

126 O "secreto" é a bagagem psíquica das idealizações que cada um traz para o relacionamento e que é constituída ao longo da vida e seu desenvolvimento ocorre por inúmeras influências (biológicas, fisiológicas, sociais, culturais, ecológicas, religiosas e especialmente familiares). O "secreto" de cada um tem a ver com a individualidade de cada pessoa e que interfere e define a escolha do parceiro conjugal. A identificação com essa ou aquela pessoa, a quem se propõe vincular no casamento, tem a ver com esse aspecto. Identificar-se com alguém é encontrar-se, de alguma forma, nesse alguém. CIGOLI, "O pacto conjugal: pacto expresso e pacto secreto".

127 SANFORD, *Os Parceiros Invisíveis.*

No entanto, no pacto secreto existem expectativas que transferem para o outro a tarefa da realização dos desejos idealizados de felicidade, que se tem a respeito do casamento.

Sanford afirma que os relacionamentos baseados exclusivamente na paixão nunca duram, sendo que viver um estado de paixão é muito diferente do verdadeiro amor mútuo.

> O relacionamento entre duas pessoas apaixonadas simplesmente não resiste, quando submetido à prova ou teste da realidade de um relacionamento humano verdadeiro. Ele só consegue sobreviver num mundo de fantasia, em que o relacionamento não é testado no desgaste cotidiano da vida real. Quando vivem juntos nas condições humanas do dia a dia, 'João e Maria', se tornam reais um para o outro como seres humanos imperfeitos e atuais. Quanto mais reais vão se tornando um para o outro como pessoas, menos possibilidade há de as imagens mágicas e fascinantes provenientes do inconsciente permaneçam projetadas sobre eles. Bem depressa o estado de apaixonado se esvai...[128]

Apaixonar-se é um sentimento maravilhoso, porém para que o casal realmente experimente o sentimento do amor, os cônjuges precisam amadurecer a capacidade de amar na convivência. Apaixonar-se por alguém que não se conhece como pessoa, significa estar atraído por uma imagem que esse alguém reflete de algo que está registrado em nosso ser. Por isso, em certo sentido nos apaixonamos por nós mesmos e não pela outra pessoa. Isso quer dizer que, de fato, nos encontramos em um estado profundamente egoísta e por mais que possa haver juras românticas de amor, o verdadeiro amor ainda não aconteceu. É preciso entender que seres humanos são pessoas comuns e lidar com esse aspecto pode ser uma experiência desinteressante e mesmo decepcionante. Stanford explica isso da seguinte forma:

> O fato de o estado de apaixonados não poder suportar o desgaste da vida diária não corresponde ao que desejamos ouvir, pelo menos não nos dias de hoje [...], que descreve o estar apaixonado como meta do relacionamento entre os sexos, e expõe isto aos nossos olhos nos anúncios de televisão. [...] Por causa disso, muitos preferem estar passando de uma pessoa para outra, sempre procurando o relacionamento máximo, melhor possível, deixando sempre o relacionamento que está mantendo quando [...] a paixão termina. É evidente que com as raízes tão pouco profundas, não pode desenvolver-se nenhum amor real e permanente. [...] O amor real começa

128 Ibid., p. 28.

> somente quando uma pessoa chega a conhecer a outra, para quem ele ou ela é realmente um ser humano, e quando começa a amar esse ser humano e a preocupar-se com ele. [...] Ser capaz de um amor real significa amadurecer, estimulando as expectativas realistas em relação às outras pessoas. Significa aceitar a responsabilidade por nossa própria felicidade ou infelicidade, sem esperar que a outra pessoa nos faça felizes e sem censurá-la como se fosse responsável pelas nossas más disposições ou frustrações. Naturalmente, isso torna o relacionamento real um problema difícil, em favor do qual devemos trabalhar; mas felizmente, as compensações existem, porque somente através desse caminho nossa capacidade de amar amadurece.[129]

Desenvolver a capacidade de amar e de construir um amor verdadeiro abre a possibilidade de experimentar a percepção do outro real. Significa crescer como pessoa e não mais ficar à mercê de projeções e idealizações inconscientes que não contribuem para uma parceria conjugal satisfatória e cheia de felicidade, pois a felicidade somente poderá ser vivenciada quando se tem intimidade com o outro real com quem nos casamos, não com o outro idealizado. Uma relação de amor é nutrida por entrega e doação e não por expectativas idealizadas e fantasiosas sobre o outro.

Portanto, para que o relacionamento evolua cheio de amor e não se rompa, quando a paixão enfraquece na convivência da vida real, é preciso assumir responsabilidades de amadurecimento. Dessa forma, o casamento se torna uma importante via para que haja crescimento, em um encontro dialético entre dois parceiros.

## Um encontro dialético entre dois parceiros

No momento da união os cônjuges encontram-se, geralmente, ainda distantes do processo de maturidade em que se envolverão em sua convivência. Quem nos ajuda a pensar nessa direção é Guggenbühl-Craig[130], ao explicar que os casamentos que permitem que cada parceiro siga rumo ao processo de individuação[131], no qual cada um possa crescer e amadurecer como pessoa,

129 Ibid., p. 29-30.

130 GUGGENBÜHL-GRAIG, A. *O casamento está morto, viva o Casamento.* (São Paulo/SP: Edições Símbolo, 1980.)

131 Individuação: Conceito fundamental na psicologia analítica, desenvolvido por Carl Jung, que se refere ao processo de desenvolvimento da personalidade individual. Esse processo envolve a integração de diferentes aspectos da psique, incluindo o consciente e o inconsciente, levando à formação de um eu mais coeso e autêntico. A individuação não é apenas uma jornada pessoal, mas também um caminho que pode influenciar as relações interpessoais e a compreensão do mundo ao redor. Disponível em: https://cutt.ly/Xrsijuoh (acesso em 02/04/2025).

são casamentos mais propensos a durar e com qualidade. Segundo o autor, individuação seria uma busca pelo próprio caminho, um contato com o "si mesmo" (o *self*). No entanto, esse contato não ocorre em um individualismo ou distanciamento do outro. Na individuação se revoga o individualismo e se celebra a individualidade, que se dá em parceria com o outro, mas também e, especialmente, em confronto com o lado destrutivo do outro, bem como de si próprio. Nesse sentido, no processo de individuação o sofrimento é inevitável e na vida podemos adentrar por diferentes vias para seguirmos na caminhada do autoconhecimento e da maturidade, em uma construção do sentido de ser pessoa.

O casamento pode ser uma dessas vias, na medida em que ocorre um encontro dialético entre dois parceiros durante toda sua vida conjunta até a morte. Nessa trajetória ocorre um descobrimento da alma, em que ocorre uma abertura para o outro e para si mesmo. Para Guggenbühl-Craig[132], somente no friccionar as próprias feridas e se perdendo a pessoa é capaz de aprender sobre si mesma, Deus e o mundo. Dessa forma, o casamento como via de individuação pode até ser doloroso, mas também, além das dificuldades, se experimenta uma profunda satisfação existencial, que fortalece a convicção de que faz sentido avançar juntos como casal. Nessa dimensão relacional é possível crescer na percepção do outro real.

O parceiro idealizado dá lugar para o parceiro real, que passa a ser aceito e admirado como irresistível. O sentimento do amor brota com força e assume o lugar do sentimento da paixão. Ocorre uma conexão com a pessoa real com quem nos casamos. Esse sentimento é incomparavelmente superior ao das projeções e idealizações inconscientes do estado da paixão. A atração agora é pelo parceiro real e não mais pelo parceiro idealizado. O outro se apresenta irresistível pelo que de fato é e não mais pelo que projeto sobre ele em minhas expectativas fantasiosas. Porém, a experiência desse sentimento é apenas para os nobres e corajosos, que assumem uma postura de compromisso e aliança para a construção de uma intimidade verdadeira com seu cônjuge, em uma proatividade mútua na rendição ao amor, em que ambos priorizam a manutenção do relacionamento.

132 GUGGENBÜHL-GRAIG, *O casamento está morto, viva o Casamento.*

## A MANUTENÇÃO DO RELACIONAMENTO

A construção de um relacionamento de amor na convivência conjugal envolve o compromisso com a manutenção do relacionamento. Isso significa que, em vez de fuga, haverá disponibilidade para a resolução dos conflitos. Mas é importante dizer que resolver conflitos não precisa necessariamente ser visto como um combate em uma guerra. Se no dia a dia o casal se dedicar a desenvolver sua criatividade, poderá encarar as diferenças e os desconfortos como oportunidades para o crescimento. Nesse sentido, é mais importante elaborar a manutenção do relacionamento do que promover grandes resgates, apesar de eles serem necessários às vezes.

A manutenção do relacionamento envolve o cuidado das pequenas coisas. Steven Carter nos apresenta a metáfora do "cupim do relacionamento".[133] Cupins são insetos que se infiltram em peças de madeira e, mesmo sendo criaturinhas mínimas, podem com pequenas mordidinhas destruir uma peça inteira de madeira, deixando-a completamente oca. O autor observando os cupins em um batente de uma janela de sua casa fez uma analogia entre o relacionamento conjugal e a devastação que os cupins podem fazer em sua manobra. Para ele os casais que se amam checam regularmente se há presença de "cupins" em sua relação. Os "cupins do relacionamento" podem ser pequenas ameaças do dia a dia, em que os casais se envolvem em inúmeros conflitos. Steven Carter apresenta uma lista de pequenas coisas, como aquelas em que dizemos "não faz mal", e que podem representar um "cupinzeiro gigantesco" na relação conjugal.

> "Não faz mal se eu não perguntar a opinião dele." "Não faz mal se eu não estiver prestando muita atenção." "Não faz mal se eu não for totalmente sincera sobre isso." "Não faz mal se eu não me esquecer de ligar avisando que vou chegar atrasado." "Não faz mal se eu não tirar minhas roupas sujas do chão." "Não faz mal se eu não disser 'eu te amo' a toda hora." "Não faz mal se eu não retornar a ligação dele nesse instante." "Não faz mal se eu não parar o que estou fazendo para ouvir com mais atenção o que ela está dizendo." "Não faz mal se eu não trocar o rolo de papel higiênico." "Não faz mal se eu comer o pedaço de bolo que ela estava guardando para mais tarde." "Não faz mal se eu preparar uma bebida para mim, mas não me oferecer para preparar uma para ele também." "Não faz mal se eu não

133 CARTER, Steven. *Como fazer o amor dar certo.* (Rio de Janeiro/RJ: Sextante, 2011): 19.

> arrumar a cama hoje." "Não faz mal se eu nem sempre disser obrigado." "Não faz mal se eu não encher as formas de gelo com água cada vez que as esvazio." "Não faz mal se eu não se eu deixar as luzes acessas."[134]

Claro que a lista apresentada pelo autor serve apenas como exemplo, pois ainda poderia conter muitos outros "cupins" do tipo "não faz mal se eu...". O importante é que cada casal se exercite na percepção de quais são os "cupins" do seu relacionamento que estão corroendo o seu casamento e promova o tratamento adequado para que não destruam a estrutura relacional.

A criatividade é imprescindível para a resolução de conflitos no relacionamento conjugal. Nem sempre são as grandes coisas que corroem a satisfação da convivência a dois. Geralmente a ocorrência de pequenos incidentes negativos e repetitivos pode ser como as mordidinhas dos cupins escondidos em um armário. Com o passar do tempo destroem qualquer estrutura, por mais bela e imponente que seja.

Cada cônjuge deveria se empenhar em descobrir quais são as questões que perturbam a si e ao seu parceiro e se responsabilizar em promover criativamente um acolhimento delas para que sejam minimizados os desconfortos na convivência. Temos que aprender a lidar com as próprias frustrações, ansiedades e estresses e com as do cônjuge. Esse é um desafio que faz parte do processo de construção de um relacionamento saudável.[135] Geralmente não é uma boa opção simplesmente ignorar os desconfortos ou exigir que o outro aceite suas ansiedades e estresses. Isso pode colocar em risco a relação conjugal, pois ao invés de eliminar as ameaças corrosivas e destrutivas, contribui para que sejam mantidas, alimentadas e até mesmo fortalecidas.

As pequenas situações presentes no dia a dia na convivência conjugal podem interferir na harmonia do casal tanto positiva quanto negativamente. O casal que utilizar o seu potencial criativo para lidar com as mais variadas situações perceberá seu vínculo crescendo em um amor cada vez mais fortalecido. Em vez de "empurrarem os problemas com a barriga"[136], os cônjuges

134 Ibid., p. 20.
135 Ibid., p. 22.
136 Empurrar com a barriga: Protelar uma decisão; adiar um compromisso; fazer corpo mole. Disponível em: https://cutt.ly/Jrsuf9RW (acesso em 02/04/2025).

proativos prestam atenção um no outro e em como cultivar formas assertivas de lidar com as situações do cotidiano. Usando de sua criatividade, casais assim harmonizam seus diferentes estilos e expectativas.

## Harmonização dos estilos e expectativas diferentes de ambos

Os estilos de cada um podem ser diferentes e precisam de adaptações para a convivência. Cada casal, muito provavelmente, precisará enfrentar ajustes para lidar com diversas situações ambientais, que envolvem uma série de hábitos, heranças de padrões familiares, sensibilidades, exigências de saúde, questões emocionais, ansiedades, filosofias, crenças, etc. que remontam os estilos de cada cônjuge e que precisam ser harmonizados na convivência. Um talvez goste de carpete e o outro de capim, um gosta de mar e o outro de campo, um gosta de luz acessa para dormir e o outro de luz apagada, um gosta de filme de aventura e o outro de drama, um gosta de música clássica e o outro de rock, um é caseiro e o outro gosta de festa, etc.

Da mesma forma que é necessário harmonizar os estilos dos cônjuges é preciso também harmonizar as expectativas de ambos. Geralmente as expectativas não são verbalizadas antes do casamento. Serão reveladas na convivência e nem sempre de forma assertiva. Espera-se que a pessoa amada saiba o que se deseja e necessita simplesmente por que "me ama". Isso é um equívoco e pode trazer sérios conflitos. É preciso compreender, e quanto mais cedo melhor, que o outro somente saberá dos meus anseios e necessidades se eu lhe contar e vice-versa.

Portanto, para que os cônjuges possam harmonizar seus estilos e expectativas é preciso que abdiquem de posturas videntes e de preferência quebrem suas "bolas de cristal". Ou seja, parem de acreditar arrogantemente que sabem tudo do outro. Para isso precisam reconhecer-se humanos e limitados. Esse reconhecimento lhes ajustará a uma postura mais humilde e aberta para acolher as diferenças de estilos e expectativas, o que facilitará a sua harmonização.

## Harmonização de acordos sobre cooperação doméstica

Dentro do casamento as tarefas domésticas passam a ser responsabilidade dos cônjuges. É preciso enfrentar a realidade de que as tarefas domésticas precisam ser feitas. Agora não tem mais os pais para cuidar dos detalhes da casa, roupas, comidas, etc. O casal precisará cuidar de tudo, desde o cuidado com as roupas, louças, limpeza da casa, lixos, compras e controle das finanças. Antes, na casa dos pais, talvez você fizesse parte de uma escala para as tarefas domésticas, divididas entre o grupo de irmãos. Agora você e seu cônjuge estão na escala todos os dias, de forma regular e contínua, e não é nada saudável alimentar mágoas porque o outro não colabora. É preciso aprender a conversar de forma assertiva, solicitar ajuda e incluir o outro. Faz-se necessário promover acordos e combinados para a distribuição das tarefas em uma cooperação mútua.

A parceria também se articula nos cuidados domésticos. Segundo Steven Carter[137] é preciso abandonar a divisão de trabalho estereotipada em que se coloca a maior carga em cima da companheira. Para ele é preciso sair da Idade Média, arregaçar as mangas e encarar as tarefas domésticas por ambos os cônjuges.

A irresponsabilidade, as desculpas e os acordos parciais e injustos só servem para promover o distanciamento. O casal precisará elaborar um jeito próprio de organizar a casa, cozinhar, lavar as roupas, fazer compras, e tudo mais que envolve a vida conjunta, na qual ambos os cônjuges devem se envolver.

Um amigo, certa vez, contou a história muito interessante, que ilustra bem os desafios que os casais vivenciam sem se darem conta deles antes de se casarem. O casal da história do meu amigo se deparou com o lixo aumentando e causando mau cheiro pela casa. Mas o que estava acontecendo que não estavam recolhendo os lixos? O fato é que o marido cresceu vendo a mãe tirando os lixos. Nunca foi um problema na casa da família de origem dele. Internalizou o aprendizado de que a tarefa de levar o lixo para fora é da mulher. Agora estava casado e estranhou muito porque a sua esposa não estava cumprindo com tarefa dela. Já a esposa cresceu vendo o pai tirando

137 CARTER, *Como fazer o amor dar certo.*

os lixos da casa. Também na família de origem dela isso nunca foi um problema e internalizou o aprendizado de que a tarefa de tirar os lixos é do homem. Como o marido, que havia estranhado por ela não cumprir com a tarefa de tirar os lixos, ela também ficou perplexa por ele não cumprir essa tarefa. Ambos herdaram padrões familiares diferentes na definição de quem tira os lixos da casa. Caso um deles, ou ambos insistirem em impor o seu padrão familiar herdado poderão ter muitos problemas em torno dessa simples tarefa no dia a dia. O desafio deles será usar de criatividade e dialógico para descobrirem um jeito próprio de administrar os lixos. Eles não precisam impor nem o padrão familiar dele nem o dela, mas organizar um padrão deles. Assim harmonizam suas diferentes percepções. O problema real não é o assunto do lixo, mas é a sua dinâmica do casal em torno dele.

Independentemente do assunto que um casal tiver que enfrentar, a sua dinâmica evidenciará sua habilidade em harmonizar as suas diferenças ou não.

## Qual é o assunto mais difícil em seu casamento?

Seria: dinheiro, sexo, filhos, sono, comunicação, família de origem, rotinas, reformas, compras, orçamento, patrimônio, ausências, alimentação, escolhas, decisões, agendas, horários, atividades domésticas, trabalho, política, ideologias, teologias, visão de mundo, diferenças, tipos de personalidade, carreira, estudos, ritmos, padrões, estilos, preferências, desejos, sonhos, expectativas, desconfortos, mágoas, crises, conflitos, adoecimentos, férias, esporte, igreja, missões, amizades, animais de estimação, lazer, férias, hobbies? Ou ainda outro?

Muitas vezes o casal foca nos assuntos que permeiam a sua convivência e pensa que eles são a dificuldade da vida conjunta. Mas esse pode ser um grande equívoco, pois os assuntos podem ser muito variados e sempre estarão presentes, quando não é um é outro. Eles simplesmente fazem parte da vida.

O que dificulta a vida conjunta não são os assuntos considerados difíceis, mas a maneira como se lida com cada um deles. Uma dinâmica conjugal reativa pode ampliar as dificuldades em torno de qualquer assunto. O que favorecerá é uma dinâmica proativa. Nessa dinâmica ambos enfrentam os assuntos na mutualidade de amor e respeito. Fazem isso na medida em que cada um busca ser uma pessoa agradável, generosa, solidária, gentil, empática e simpática, em acolhimento e harmonização das diferenças, e em uma construção mútua da cooperação.

O "eu pessoa" e o "tu pessoa" são os protagonistas mobilizados para fazer surgir o "nós da parceria". A comunicação é lapidada para que o diálogo aconteça em uma troca de falas e escutas, em que opinar não tem a insígnia de afronta nem de desqualificação, mas de contribuição e enriquecimento. O importante é que ao se lidar com os assuntos considerados difíceis, ninguém seja banido nem amordaçado na elocução de seu potencial como pessoa, mas que seja favorecida a abertura para o crescimento e o bem-estar de ambos.

## Harmonização na comunicação entre o casal

É na convivência que os cônjuges descobrem como melhor se comunicam. Para isso é importante que ambos aprendam uma forma assertiva de falar e ouvir. Quando duas pessoas estão empenhadas em aperfeiçoar sua unidade precisarão elaborar pautas viáveis para expressar suas opiniões, percepções e sentimentos, em uma contribuição de ambos para a resolução dos possíveis conflitos que surgirão. Pelo fato de nem sempre compartilharem das mesmas ideias, opiniões, gostos e interesses, deverão trabalhar no acolhimento das diferenças. A comunicação é um elemento importante, por meio dela podemos contribuir para fortalecer a autoestima do outro.

Na elaboração de formas próprias para processar a comunicação entre si, os cônjuges poderão utilizar a qualificação ao invés da desqualificação e a validação ao invés da valoração. Na desqualificação ocorre uma diminuição da autoestima, na qualificação ocorre um reconhecimento do outro em sua essência. Na valoração se emite um juízo de valor ao sentimento do cônjuge. É o mesmo que comunicar ao cônjuge que não deveria ou não teria o direito de se sentir desse ou daquele jeito, podendo piorar ainda mais se houverem comparações com outras pessoas. Já na validação ocorre uma autenticação do sentimento do cônjuge. É dar ao outro o direito de se sentir daquela forma, mesmo que não concorde. Por meio da qualificação e validação comunica-se aceitação, afeto, amor e respeito.

Para termos relacionamentos mais saudáveis, é necessária uma comunicação saudável, que evidencia habilidades de conexão possibilitando uma interação mais amorosa e respeitosa.

## Harmonização dos acordos na educação dos filhos

Os filhos trazem muitas alegrias para a vida familiar, mas também muitos desafios e é desejável que os cônjuges assumam a parentalidade de forma conjugada. Como ambos os cônjuges são responsáveis pelo cuidado e educação dos filhos, o casal pode ver-se conflitando em algumas situações. Especialmente porque a forma como educamos nossos filhos carrega uma herança educacional de nossa família de origem, e não raro repetimos fielmente os padrões herdados, o que pode trazer sérios desconfortos conjugais. Por isso, é fundamental que o casal converse e faça acordos sobre rotinas, formas de limites, instruções, caminhos disciplinares, etc.

Caso os desafios em torno da educação dos filhos não sejam articulados de forma adequada podem colocar em risco a unidade conjugal. O casal precisa ficar alerta para que a parentalidade não extinga a conjugalidade. Os cônjuges devem assumir com responsabilidade o papel parental, mas ao mesmo tempo devem preservar o papel conjugal.

## Harmonização da agenda de interação entre os cônjuges

Estar casado pode ser ligeiramente diferente de ser casado. Não basta ter o status de "casado". Para isso é preciso assumir esse status na convivência, que requer novas posturas na organização da vida cotidiana. Os velhos hábitos de solteiro requerem ser reconfigurados para a relação conjugal. Como solteira a pessoa vive como quer, vai para onde quer e quando quer, e convive com quem quer. Esses hábitos podem se encontrar enraizados e em sua reconfiguração o casal poderá enfrentar alguns conflitos. O principal deles pode ser o próprio narcisismo. Especialmente quando somos constantemente estimulados pelos valores sociais da sociedade atual, que preconizam que os meus anseios, desejos, necessidades e felicidade devem vir sempre em primeiro lugar. Ter que abdicar da independência e autonomia sem precedentes da solteirice pode exigir algum esforço pessoal. Requer sair de uma condição autocentrada e mobilizar-se para uma condição de interdependência e conexão com o cônjuge.

Segundo Steven Carter[138] é fácil planejar seu dia quando se é solteiro, pois, pode trabalhar quando precisa e preencher o restante do tempo como quiser. Mas, quando se faz parte de um casal é preciso cuidar para que as agendas não entrem em choque. Para criar um relacionamento saudável é preciso lidar com três agendas diferentes: a sua, a do parceiro e a do casal. As três têm a mesma importância e quando qualquer uma delas é ignorada ou tratada com pouca consideração, os problemas poderão ser inevitáveis.

## A interdependência do "nós" do casal

Na interdependência os cônjuges têm uma relação entre si, em que cada um é responsável por si mesmo e pelo impacto sobre o outro. Segundo Maldonado o "nós" surge como um "terceiro eu" da relação, uma identidade especial da intimidade. Para entender melhor, o autor apresenta uma analogia da relação interdependente com o som de duas notas musicais.

> Duas notas musicais, tocadas simultaneamente, não perdem sua identidade nem sua capacidade de unirse com outras notas. Por sua vez formam uma nova identidade, o novo som. O terceiro eu da intimidade é esta nova nota. É uma nova criação que requer que ambas participem e cooperem para que suceda. Cada um colabora neste terceiro eu e cada um se enriquece com ele. Matematicamente é uma relação de 1+1+1 (o terceiro eu) =3.[139]

O "terceiro eu" da intimidade é o "nós" da relação conjugal. É a parte que existe entre duas pessoas, exclusiva e em adição à individualidade das duas.[140]

Outra ilustração que nos ajuda a entender o "nós" na relação conjugal é o "ritual das velas" utilizado muitas vezes em cerimoniais de casamento. Uma vela é acessa para simbolizar a vida do noivo, outra para simbolizar a vida da noiva. Unindo as chamas das duas velas acendem uma terceira vela, que

138 Ibid., p. 51.
139 MALDONADO, Jorge. *Comunicação Conjugal e Familiar.* (Curitiba/PR: EIRENE do Brasil, 1989): 110.
140 Ibid.

ficará entre as duas primeiras, simbolizando a união do casal pelo matrimônio. Muitas vezes, em cerimoniais de casamento, as velas simbolizando os noivos são apagadas logo que acendem a do meio. Mas, isso representa a morte dos indivíduos, ou seja, onde estarão as individualidades que contribuirão para formar a união? Sem as individualidades não tem como nascer a unidade. O grande desafio é manter a individualidade ao mesmo tempo em que se promove a unidade, o "nós". É preciso aprender a amar, em entrega e doação, sem se perder.

Para Steven Carter o "nós" é uma ponte entre duas pessoas e ao mesmo tempo o símbolo e a essência da verdadeira conexão. "A construção de uma parceria é o interminável processo de criação da experiência compartilhada que chamamos de 'nós'".[141]

A harmonização favorece a vinculação e a unidade conjugal. A matéria prima para a constituição do "nós" é o Tu e o Eu. Se o Eu matar o Tu, não haverá o "nós", apenas Eu. Se o Tu matar o Eu, também não haverá o "nós", somente o Tu. Se o Eu e o Tu se matarem, não haverá o "nós", pois não haverá ninguém para evocar sua existência. A proatividade mútua do Tu e do Eu é que fará surgir a vida do "nós" e manter sua existência saudável.

## Um aprendendo com o outro

Encontrar formas criativas para conviver foi um dos maiores aprendizados da vida conjunta de Renato e Eugênia[142]. Quando começaram a namorar eram muito apaixonados e queriam muito se casar. Tinham convicção de que sua visão de mundo compatibilizava e que tinham tudo para serem felizes juntos. Amavam a companhia um do outro e tinham muita admiração um pelo outro. Ela admirava especialmente a personalidade extrovertida de Renato, sendo ela mais introvertida, o que ele também admirava. Ele era carismático, relacional, expressivo e altamente motivado. Ela, com seu jeito introvertido, ficou encantada por seu jeito alegre e expressivamente dinâmico. Ele era cativante. Estar com ele era sempre fascinante. Assim se casaram. Foi tudo muito simples, desde a cerimônia até a recepção.

141 CARTER, *Como fazer o amor dar certo*, p. 51.

142 Caso ilustrativo baseado em situações reais, apresentado com nomes e detalhes alterados para manter o anonimato dos envolvidos.

Os recursos financeiros eram muito escassos e os pais reuniram todas as suas energias para, pelo menos, servir um café com bolos para os convidados em sua modesta festa de casamento. A viagem para a Lua de Mel também não foi possível, apenas passaram a noite de núpcias em um singelo hotel da pequena cidade onde moravam seus pais. Mas estavam radiantes de felicidade, tudo o que queriam havia se realizado. Enfim casados, estavam unidos pelo matrimônio. Pareciam os protagonistas de um conto de fadas e o sentimento era de que seriam "felizes para sempre".

Quando chegaram em casa, após o casamento, estavam muito cansados pela longa viagem de ônibus pinga-pinga e ansiosos para adentrar em sua primeira morada a dois. Como ambos eram estudantes no seminário teológico, sua primeira morada seria em um internato que tinha quartos adaptados para casais estudantes. Ao chegarem à entrada do prédio do internato encontraram outro jovem casal que havia chegado dias antes. Nesse momento, Renato, com sua personalidade relacional e carismática, foi cumprimentando o casal amigo e já convidando para o jantar. Eugênia se uniu a ele no convite, mas, com seu jeito sistemático, ficou um tanto quanto ressentida. Pensou "Poxa... estou exausta, será que ele não percebe que estou cansada da viagem? Queria mesmo era tomar um banho e ficar sozinha com ele em nossa primeira noite em 'nossa casa'. E agora, além de servir o jantar (nem sei se vou dar conta disso) terei que ajeitar o quarto (que é a nossa casa), que está todo bagunçado com as malas e com as coisas que largamos antes de viajarmos para o casamento. Estou chateada com ele, nem mesmo quis saber o que eu achava da ideia de convidar o casal para jantar". Mas enquanto ela pensava e ruminava aquele ressentimento, Renato já foi dizendo "não se preocupe, minha querida, pois sou eu quem vai cozinhar". Nesse momento, tentando organizar seus sentimentos, Eugênia pensou "Ah! Deixa pra lá. Ele é um homem maravilhoso. Tudo bem, talvez tenha exagerado convidando o casal de uma forma tão impulsiva e sem conversar comigo antes, mas pelo menos não tirou o corpo fora, pois se ofereceu para cozinhar. Na verdade, sou uma mulher de sorte". Então, o ressentimento se foi e ela se uniu a ele para receber o casal. Afinal essa seria a primeira recepção de visitas e ela não queria que fosse arruinada por um desentendimento entre eles dois.

Eugênia ajustou suas emoções positivamente e as canalizou para receber seus primeiros visitantes de forma acolhedora. A comida seria simples, mas feita com carinho. Renato solicitamente pegou uma panela novinha, brilhando, para cozinhar o arroz. O fogão eles tinham recebido de presente dias antes do casamento. Quando o ganharam estava velho, abandonado e praticamente enterrado no terreno dos fundos do internato. Renato recebera o presente com alegria e o limpou todinho antes do casamento. Agora seria a oportunidade de inaugurar aquele fogão restaurado. Mas, que surpresa, o fogo saiu todo sujo e aquela panela novinha e brilhante ficou completamente escura. O branco do arroz se destacou de forma especial dentro daquela panela. Ela nem se lembrava mais do restante do cardápio ao contar essa história, mas aquele arroz se tornou inesquecível para eles. A visita chegou, o convívio foi agradável, mas Eugênia, apesar de sorrir e se divertir, estava constrangida com aquela forma de recepção improvisada. Não era isso que ela havia imaginado de sua primeira visita em casa. E assim iniciaram-se os desafios na convivência conjugal.

Aquilo que outrora os atraíra de forma a se encantarem um pelo outro apaixonadamente, agora começava a entrar em choque. Renato era muito relacional e carismático e Eugênia muito mais contida e sistemática. Para ele tudo podia acontecer a qualquer hora e em qualquer lugar, para ela precisariam se organizar primeiro, ver detalhes, etc. No primeiro tempo juntos as suas diferenças geraram boas crises. Cada um tentando transformar o outro para se tornar mais parecido com seu jeito. Não percebiam que cada um possuía qualidades e habilidades que poderiam contribuir significativamente para o seu relacionamento. Um poderia ensinar ao outro. Só com o tempo foram aprendendo que as diferenças seriam os principais ingredientes para a sua parceria e para o surgimento de um terceiro jeito, que seria o jeito deles.

Muitas vezes imagina-se que a unidade conjugal emerge naturalmente na convivência de um casal que se ama intensamente como se fossem almas gêmeas. Isso é um mito, pois uma parceria não surge naturalmente em relação conjugal alguma, mas emerge gradativamente na convivência de duas pessoas que se comprometem com o sistema conjugal de forma amorosa e dedicada. Steven Carter corrobora com essa ideia ao dizer:

> ... acredito na parceria e na possibilidade de estabelecermos uma ligação duradoura com outra pessoa. Mas esses fatores não são "inerentes" a qualquer relacionamento. Eles devem ser criados e mantidos com afeto, comprometimento e esforço constante.[143]

Na convivência conjugal os cônjuges descobrem que os relacionamentos são bem mais intrincados do que se pode imaginar em qualquer sonho romantizado ao conhecer o outro tão especial. Minuchin afirma que o casamento é um sistema relacional complexo e a maneira como o casal estrutura suas relações conjugais e sociais interfere significativamente em sua convivência, contribuindo para uma maior ou menor saúde conjugal.[144]

## Os jardineiros do casamento

O jardim é belo quando composto por plantas e flores de todas as espécies de texturas, aromas e cores distintas. Um jardim composto por apenas uma planta pode se mostrar pobre, pois as diferenças são necessárias para enriquecer e embelezar o jardim. Assim também o casamento. Ele é belo pela composição de ambos os cônjuges, que podem ter sonhos, gostos, ritmos, atitudes, personalidades e identidades diferentes. A aceitação das diferenças enriquecerá os diálogos e a convivência. Não tem graça se apenas um dos cônjuges assumir o protagonismo no casamento, pois as contribuições de ambos são necessárias para dar o sentido da vida a dois.

O sentido da vida a dois está na parceria, em que ambos se ocupam no cuidado diário do casamento, regando sentimentos, promovendo o calor do aconchego e o espaço para o crescimento. Assim serão habilidosos "jardineiros", que entendem que um belo jardim precisa de cuidado diário, em que se deve promover água, ar e calor na medida certa, de forma regular e contínua. Afinal, a "grama mais verde" não é necessariamente a do vizinho, mas é aquela que é regada e cuidada adequadamente, e pode ser a nossa.

143 CARTER, *Como fazer o amor dar certo*, p. 7.
144 MINUCHIN, *Famílias: funcionamento e tratamento.*

A partir da metáfora do jardim, apresenta-se alguns paralelos que envolvem os cuidados de um jardim e os cuidados de um casamento. Seguem como sugestão para casais que desejam transformar seu casamento em um lindo "jardim cuidado":

| Cuidando do jardim | Cuidando do casamento |
|---|---|
| *Sair do jardim anterior*, para que possa construir e usufruir de um jardim particular. | *Sair da casa dos pais,* para que os cônjuges possam se tornar um casal e experimentar o sentido do casamento. |
| *Transformar o lixão*, para que o terreno se transforme em um lindo jardim florido. | *Exercitar o pedir perdão e perdoar*, para que o casamento se transforme em um ambiente de alegria e não um lugar insuportável. |
| *Limpar os canteiros de ervas venenosas*, para liberar espaço para a plantação de ervas que curam. | *Abandonar posturas narcisistas, tóxicas e abusivas*, para liberar a implementação de atitudes proativas de amabilidade, compaixão e solidariedade. |
| *Retirar o mato*, para que as flores e os frutos escondidos apareçam. | *Dispor-se ao diálogo*, retirando os ruídos comunicacionais, para que, por meio da escuta empática e da fala assertiva, ambos possam revelar-se um para o outro, construindo uma intimidade cada vez mais profunda. |
| *Eliminar os cupinzeiros*, para evitar a deterioração do jardim. | *Prestar atenção às solicitações*, para que diminuam os desgastes, frustrações e decepções que ameaçam a vontade de permanecer junto. |
| *Vigiar os buracos na cerca*, para manter longe os invasores. | *Vigiar as tentações*, para manter longe as intromissões extraconjugais e financeiras, para que haja compromisso com o sistema conjugal e a fidelidade seja a base da confiança. |
| *Nutrir a grama ressequida*, para que a grama do seu jardim se torne verde e viçosa. | *Nutrir os sentimentos*, para que a unidade conjugal seja vibrante e o melhor lugar para se estar. |

| Cuidando do jardim | Cuidando do casamento |
|---|---|
| *Semear boas sementes*, para que os bons frutos apareçam. | *Semear valorização, afeto, bondade e respeito*, para que ambos experimentem o valor e o amor no casamento. |
| *Acolher a diversidade*, para que haja um jardim cheio de flores, frutos, temperos, chás e ervas aromáticas e medicinais. | *Aceitar e acolher as diferenças*, para que haja um casamento cheio de suprimento e alegrias. |
| *Harmonizar as flores e as árvores*, para que não falte a alegria do colorido, nem o refrescar de uma sombra. | *Harmonizar os estilos e expectativas diferentes de ambos*, para que possam ser quem são e, dessa forma, ambos possam contribuir para o enriquecimento do casamento e usufruir da companhia um do outro. |
| *Aprender a tocar as plantas e sementes*, para que não murchem e não percam seu potencial. | *Aprender a tocar na pele e na alma do outro com carícias e ternura,* para que os cônjuges não percam, em propostas aversivas de uma sexualidade objetal, a harmonia e a alegria relacional na intimidade sexual. |
| *Manter a fonte no jardim*, para que nunca falte a água para regá-lo. | *Beber da fonte do amor de Deus*, para que nunca falte amor para a manutenção do casamento. |
| *Aprender a regar na medida certa*, para que as plantas cresçam, floresçam e frutifiquem. | *Aprender um sobre o outro*, para que ambos tenham espaço para crescer e se desenvolver. |
| *Aprender a enfrentar as tempestades e estiagens*, porque, assim como para qualquer jardim, em algum momento, inevitavelmente, visitarão também o seu. | *Aprender a enfrentar e resolver as crises,* porque assim como em qualquer casamento, em algum momento, inevitavelmente, surgirão também no seu. |
| *Buscar informação e ajuda*, para aprender e/ou recuperar as habilidades de bons jardineiros. | *Buscar informação e ajuda*, para aprender e/ou recuperar as habilidades de bons cônjuges, buscando perceber ângulos não vistos e, assim possam seguir crescendo juntos, como casal. |

A necessidade de harmonização se fará presente em todo o percurso da vida conjugal. Não é apenas uma trajetória de desenvolvimento de habilidades relacionais. Envolve especialmente a disponibilidade ao amor, para que ele flua e fertilize o desabrochar da vida na relação. Assim, harmonizando suas diferenças em mutualidade, os cônjuges vão encontrando a cura em seu relacionamento.

Em vez de inimigos combativos, tornam-se parceiros que se curam na expressão de um amor crístico, de entrega e doação da vida, experimentando e testemunhando da beleza da intimidade. Como naquela festa de casamento, em que o vinho havia acabado e surgiu um vinho novo, produzido pelo enólogo celestial, que devolve a alegria da continuidade do regozijo na celebração da vida conjunta.

# 6

# O SACERDÓCIO MÚTUO DO LAR

*Claudio Ernani Ebert[145] (in memoriam)[146]*

Os parâmetros bíblicos apontam que a função sacerdotal se reorganiza a partir da redenção, no Novo Testamento bíblico. Cristo passa a ser o Sumo Sacerdote de uma vez por todas e todo o povo de Deus se torna sacerdócio real, incluindo todo o povo de Deus na função sacerdotal, sejam homens ou mulheres, pais ou filhos.

## O SUMO SACERDÓCIO E O SACERDÓCIO REAL

### *Jesus: o grande Sumo Sacerdote*

> *Portanto, visto que temos um grande sumo sacerdote que adentrou os céus, Jesus, o Filho de Deus, apeguemo-nos com toda a firmeza à fé que professamos, pois não temos um sumo sacerdote que não possa compadecer-se das nossas fraquezas, mas sim alguém que, como nós, passou por todo tipo de tentação, porém, sem pecado. Assim sendo,*

145 Claudio Ernani Ebert foi pastor em igrejas locais e coordenador do ministério de palestras "Ministério Vida Melhor". Foi assessor familiar, especialista em terapia familiar e de casais, palestrante, professor e escritor.

146 Claudio Ernani Ebert (in memoriam) se debruçou em vida, de forma apaixonada, nos estudos sobre a temática da espiritualidade no casamento. Resgatar parte de seus estudos e inserir um texto dele neste livro é uma honra especial, gerada por imensa gratidão a Deus e a ele pela convivência no casamento, na família e no ministério. (Clarice Ebert)

*aproximemo-nos do trono da graça com toda a confiança, a fim de recebermos misericórdia e encontrarmos graça que nos ajude no momento da necessidade.* (Hb 4.14-15)

*Pois sobre ele é afirmado: "Tu és sacerdote para sempre, segundo a ordem de Melquisedeque". A ordenança anterior é revogada, porquanto era fraca e inútil (pois a Lei não havia aperfeiçoado coisa alguma), sendo introduzida uma esperança superior, pela qual nos aproximamos de Deus. E isso não aconteceu sem juramento! Outros se tornaram sacerdotes sem qualquer juramento, mas ele se tornou sacerdote com juramento, quando Deus lhe disse: "O Senhor jurou e não se arrependerá: 'Tu és sacerdote para sempre' ". Jesus tornou-se, por isso mesmo, a garantia de uma aliança superior. Ora, daqueles sacerdotes tem havido muitos, porque a morte os impede de continuar em seu ofício; mas, visto que vive para sempre, Jesus tem um sacerdócio permanente. Portanto ele é capaz de salvar definitivamente aqueles que, por meio dele, aproximam-se de Deus, pois vive sempre para interceder por eles. É de um sumo sacerdote como este que precisávamos: santo, inculpável, puro, separado dos pecadores, exaltado acima dos céus. Ao contrário dos outros sumos sacerdotes, ele não tem necessidade de oferecer sacrifícios dia após dia, primeiro por seus próprios pecados e, depois, pelos pecados do povo. E ele fez isso de uma vez por todas quando a si mesmo se ofereceu. Pois a Lei constitui sumos sacerdotes a homens que têm fraquezas; mas o juramento, que veio depois da Lei, constitui o Filho perfeito para sempre.* (Hb 7.17-28)

*Portanto, irmãos, temos plena confiança para entrar no Santo dos Santos pelo sangue de Jesus, por um novo e vivo caminho que ele nos abriu por meio do véu, isto é, do seu corpo. Temos, pois, um grande sacerdote sobre a casa de Deus. Sendo assim, aproximemo-nos de Deus com coração sincero e com plena convicção de fé, tendo os corações aspergidos para nos purificar de uma consciência culpada, e tendo os nossos corpos lavados com água pura. Apeguemo-nos com firmeza à esperança que professamos, pois aquele que prometeu é fiel. E consideremo-nos uns aos outros para nos incentivar ao amor e às boas obras.* (Hb 10.19-24)

## *Os filhos de Deus (homens e mulheres): sacerdócio real*

*Vocês, porém, são geração eleita, sacerdócio real, nação santa, povo exclusivo de Deus, para anunciar as grandezas daquele que os chamou das trevas para a sua maravilhosa luz.* (1Pe 2.9)

*Portanto, como povo escolhido de Deus, santo e amado, revistam-se de profunda compaixão, bondade, humildade, mansidão e paciência. Suportem-se uns aos outros e perdoem as queixas que tiverem uns contra os outros. Perdoem como o Senhor lhes perdoou. Acima de tudo, porém, revistam-se do amor, que é o elo perfeito. Que a paz de Cristo seja o juiz em seu coração, visto que vocês foram chamados para viverem em paz, como membros de um só corpo. E sejam agradecidos. Habite ricamente em vocês a palavra de Cristo; ensinem e aconselhem uns aos outros com toda a sabedoria, e cantem salmos, hinos e cânticos espirituais com gratidão a Deus em seu coração. Tudo o que fizerem, seja em palavra ou em ação, façam-no em nome do Senhor Jesus, dando por meio dele graças a Deus Pai.* (Cl 3.12-17)

Os textos bíblicos revelam que a função sacerdotal se reconfigurou sensivelmente com a vinda de Jesus, a partir da rasgadura do véu no templo ocorrida no ato de sua morte. Dali em diante, não há mais seres humanos sacerdotes que mediam a relação entre Deus e os seres humanos, conforme havia na função sacerdotal no Antigo Testamento bíblico. Lá não havia acesso direto a Deus, era permitido apenas aos que exerciam a função sacerdotal.

Os sacerdotes tinham a função de intermediação entre Deus e os homens. Com a morte de Jesus o contato com Deus passou a ser direto, passando a ser uma possibilidade para todos os seres humanos, sem a necessidade de mediação por parte de sacerdotes humanos.

Cristo passou a ser o único grande Sumo Sacerdote, de uma vez por todas. Os santos (incluindo homens e mulheres), considerados o povo de Deus, foram feitos sacerdócio real, com a função sacerdotal de anunciar em qualquer lugar, mesmo na família, as grandezas daquele (Deus) que os chamou das trevas para a sua maravilhosa luz. Ou seja, a função sacerdotal passou a ser desempenhada por todos os santos.

Quando entendemos a função sacerdotal por essa via, podemos perceber que pouco tem a ver com a definição da liderança espiritual masculina em nosso ambiente familiar. Tem mais a ver com a tarefa de todos os "santos", ou seja, todos os filhos de Deus pertencentes ao povo de Deus, incluindo marido e esposa, e mesmo os filhos. Por isso, ressaltamos novamente que devemos tratar com cautela a teoria que destaca o sacerdócio do lar como sendo uma tarefa apenas do marido. Apesar de ser uma teoria muito bem construída, com aparente coerência e espiritualidade, é mais uma maneira de manter e solidificar uma visão hierárquica para a vida conjugal. Uma visão herdada de uma cultura mundana estabelecida pelos seres humanos após a queda de Adão e Eva, ao serem expulsos do Jardim do Eden. Essa visão não é compatível com o plano original de parceria conjugal, proposta por Deus inicialmente em sua criação, e não é mantida após a redenção em Cristo.

Os textos bíblicos sobre o sacerdócio de todos os santos, apresentados no Novo Testamento, fornecem parâmetros consistentes de que o sacerdócio exercido na anunciação das grandezas de Deus em qualquer lugar, incluindo a família, é uma função de todos os membros da família que pertencem ao povo de Deus. Dessa forma, o sacerdócio do lar é mútuo.

## O sacerdócio mútuo do Lar

O conceito do homem como sacerdote do lar, por mais bonito e romântico que seja, peca na concepção bíblica e no entendimento do conceito do sacerdócio universal de todos os santos. Em parte alguma das Escrituras Sagradas está registrada a frase "o marido é o sacerdote do lar", nem mesmo esse conceito. Apesar de ouvirmos isso muito nos dias de hoje, a Bíblia não registra essa expressão. O apóstolo Pedro é claro em sua proposta:

> *Vocês também estão sendo utilizados como pedras vivas na edificação de uma casa espiritual para serem sacerdócio santo, oferecendo sacrifícios espirituais aceitáveis a Deus, por meio de Jesus Cristo. [...] Vocês, porém, são geração eleita, sacerdócio real, nação santa, povo exclusivo de Deus, para anunciar as grandezas daquele que os chamou das trevas para a sua maravilhosa luz.* (1Pe 2.5,9)

Ao que tudo indica quem abraça a visão do sacerdócio exclusivamente masculino exclui desses textos o sacerdócio das mulheres. Nossas irmãs em Cristo, segundo essa visão, não seriam *sacerdócio santo* e nem *sacerdócio real*. De acordo com essa percepção, elas devem pertencer a uma classe inferior de discípulas de Jesus, pois lhes é negada a universalidade do sacerdócio cristão. Para chegar a essa conclusão tão dramática, precisaríamos acreditar que a Bíblia não é o livro de Deus escrito para mulheres, mas somente para homens.

Cunhamos expressões, elaboramos teses teológicas parciais, mas não conseguimos submetê-las ao crivo geral de uma verdadeira hermenêutica e exegese sem reservas e sem medos. Como um texto bíblico não pode contradizer o outro, é necessário fazer investigações sérias e profundas que levem em consideração os contextos históricos, culturais e sociais em que a igreja à época estava inserida.

Conto uma história da nossa vida comum, no início de nosso casamento, que ilustra como eu estava enganado quando entendia esse aspecto de forma errada.

Estávamos casados havia pouco tempo. Nosso primeiro filho era um bebê e nós morávamos aos fundos do prédio da primeira igreja que pastoreávamos. Eu era um ativo e envolvido pastor. Gostava de ganhar pessoas para Cristo, amava aconselhar e cuidar de vidas. Um dia, evangelizei um jovem usuário de drogas com sérios problemas de conduta. Sem consultar minha querida esposa, entendendo que eu era o sacerdote do lar, o cabeça da mulher, o líder da casa, simplesmente apareci com o jovem evangelizado e o introduzi à nossa casa, hospedando-o por tempo indeterminado. Afinal de contas, eu precisava cuidar do fruto que havia ganhado para Cristo. Minha esposa, sempre dócil e amável, meio sem jeito, aceitou sem questionar. Como poderia fazê-lo se, afinal de contas, o homem de Deus do lar havia trazido para casa um jovem que ele havia conduzido ao Senhor, não é? Mesmo que ela sentisse um profundo desconforto (visível às vezes) não se oporia, pelo menos não naquela etapa de nosso casamento, ao jovem e idealista pastor. Como era de se esperar, deu problemas. Um dia saímos, minha esposa e eu com nosso filhinho, deixando o rapaz por alguns momentos em casa sozinho. Quando retornamos, vejam só, surpresa: nossa casa havia sido esvaziada. O pouco que tínhamos, ele havia levado embora. Graças a Deus, sem que eu prestasse queixa policial, uma patrulha logo apanhou o rapaz que já tinha levado nossas coisas em uma caminhonete de um conhecido dele e apareceu na frente de casa para devolver tudo. Como pastor jovem, inexperiente, mas cheio de amor, ainda fui à delegacia e retirei a queixa para deixar o rapaz sair livre em busca de seus rumos.

Custava alguma coisa eu ter conversado com minha esposa antes? Estaria errado perguntar a ela o que achava sobre trazer um rapaz para casa e hospedá-lo sem mesmo conhecê-lo? Ah, naquele tempo, mesmo que tivesse feito isso, não adiantaria muito. Certamente eu a acusaria de falta de fé, falta de amor e outras coisas mais. Afinal, eu era o "sacerdote do lar" e deveria confiar em meus discernimentos e assumir a responsabilidade nas decisões.

Infelizmente, teorias como essa validam espiritual e teologicamente, de forma equivocada, comportamentos impositivos que demonstram falta de amor e consideração pelo outro e falta de parceria no casamento. Em alguns casos pode até validar e fortalecer posturas narcisistas e abusivas.

Parceiros conjugais constroem tudo juntos e decidem tudo juntos. Não existe intimidade sem parceria e vice-versa. Parceria sem intimidade não é verdadeira parceria. Deus uniu o homem e a mulher para que ambos vivam em conjunto e façam tudo juntos. É claro que farão coisas distintas, muitas vezes. Mas, me refiro ao desenvolvimento da vida familiar e conjugal. Ambos serão verdadeiros parceiros quando desenvolvem verdadeira intimidade relacional.

Recordo-me de um homem que dizia sobre a sua posição de marido "eu não quero ser amigo de minha mulher, somente quero ser o sacerdote do lar". Esse homem havia entendido que o título de "sacerdote do lar" conferia a ele um lugar de superioridade em relação à sua esposa e que não poderia ter um relacionamento íntimo de igual para igual com ela. Quanta perda esse casal experimentava em seu relacionamento. Não conseguiam ser próximos e cada vez mais estavam distantes e desconectados. Infelizmente isso transborda para os filhos, que percebem a ruptura relacional entre os pais.

Se você deseja uma família feliz, na qual filhos crescem e se desenvolvem com saúde emocional, espiritual e social-relacional, seu relacionamento com seu cônjuge deverá ser o mais significativo possível. Construindo uma parceria em mutualidade, o casal se une em todos os outros projetos que se relacionam à família. Quando pensamos especialmente nos filhos, quanto mais unido for o casal, mais saudáveis os filhos poderão se desenvolver. Casais que não desenvolvem parceria profunda podem gerar uma espécie de divisão emocional na vida dos filhos. Sem que eles saibam elaborar isso conscientemente, surgem perguntas na alma dos filhos: "Parece que meus pais me amam, mas se me amassem de verdade, não amariam um ao outro pra valer? Sinto-me confuso".

Amor de parceria se mostra em uma interação mútua, nas mínimas e nas máximas coisas. Uma das maiores construções que precisamos continuamente encarar é a construção da parceria relacional conjugal. Se investirmos nisso investiremos por toda a vida em um projeto consistente, dinâmico, às vezes desafiador, mas com alcances mais satisfatórios.

Destaco a importância de nos lembrarmos de que nascemos com um propósito: para a glória de Deus.

> *Bendito seja o Deus e Pai de nosso Senhor Jesus cristo, que nos abençoou com todas as bênçãos espirituais nas regiões celestiais em Cristo. Porque Deus nos escolheu nele antes da criação do mundo, para sermos santos e irrepreensíveis em sua presença. Em amor nos predestinou para sermos adotados como filhos, por meio de Jesus Cristo, conforme o bom propósito da sua vontade, para o louvor da sua gloriosa graça, a qual nos deu gratuitamente no Amado.* (Ef 1.3-6)

O propósito de termos nascido para a glória de Deus é para todos os seres humanos, incluindo todas as pessoas da família, tanto o marido quanto a esposa, tanto os pais quanto os filhos. Ele nos predestinou para sermos adotados como filhos, por meio da sua gloriosa graça. A espiritualidade na relação com Deus perpassa pela experiência individual de cada pessoa e se derrama para os demais. Isso é sobremodo excelente!

## A ESPIRITUALIDADE NA RELAÇÃO DO CASAL

O amor maduro ultrapassa a vivência da paixão do enamoramento inicial de um casal, especialmente por ser experimentado em sua dimensão mais ampla e profunda. A paixão é uma conexão que envolve uma atração movida por química e sensualidade. Já o verdadeiro amor vai além, une a totalidade de uma pessoa à de outra. É um encontro de almas. É adentrar pela porta espiritual na relação conjugal. Isso envolve estabelecer uma verdadeira comunhão com a outra pessoa. Quando um casal apenas se une fisicamente, sem estabelecer uma verdadeira comunhão, pode estancar o seu relacionamento em um abismo de sensualidade e colocá-lo em risco na medida em que os cônjuges seguem rumo ao envelhecimento. A atração física pode ser a entrada para o amor, no entanto, para que o amor possa ser elevado a um nível mais alto é preciso desenvolver comunhão.

O canal espiritual é que possibilita a verdadeira comunhão entre duas pessoas, sendo especialmente relevante para que o amor possa fluir entre o casal. Para isso, podemos contar com a ajuda de Deus, que é o autor da mais nobre expressão de amor incondicional que podemos encontrar, para seguir em nossa jornada de vinculação conjugal continuamente. Por isso é importante falar sobre a dimensão transcendente que envolve as relações humanas: a espiritualidade.

Temas importantes não podem faltar, quando olhamos para a vida do casal, como a parceria, a criatividade, o diálogo, a harmonização, as prioridades, as finanças, a sexualidade, a mobilização do amor e outros.

No entanto, deixar de falar sobre a espiritualidade no casamento seria o mesmo que falar de um carro superpotente, com inúmeros recursos, e não mencionar que para ele funcionar precisará ser abastecido com um bom combustível.

Um carro, por mais potente e confortável que seja, não sairá da sua garagem se o tanque estiver vazio, sem combustível. O combustível para um carro potente pode representar metaforicamente a espiritualidade para a vida pessoal, familiar e conjugal. Os cônjuges podem ter um casamento com todos os recursos possíveis para um casamento sólido e realizado. No entanto, se não se alimentarem (se abastecerem) na fonte do real sentido da vida, facilmente serão influenciados por valores que em vez de viabilizarem uma vida a dois com significado, sofrerão um desgaste relacional, podendo inclusive experimentar seu casamento entrando em colapso.

Por isso, iremos refletir sobre alguns aspectos da espiritualidade como via importante para um relacionamento conjugal pleno de sentido.

## Espiritualidade x religiosidade

A espiritualidade está relacionada à necessidade humana de ter propósito e sentido na vida. Por meio dela é que buscamos o significado para a nossa existência, solidificamos a noção dos valores e crenças que norteiam nosso dia a dia, fortalecemos nossa fé, nossa atitude de ousadia, autoconfiança e convicção. Também desenvolvemos valores como a generosidade, compaixão, empatia, liberdade, igualdade, senso de justiça, e mesmo a alegria e o contentamento. A espiritualidade nos permite perceber dimensões maiores da existência humana, que estão, inclusive, muito além do que está posto no aqui e agora, ou no que se consegue abarcar com os sentidos de forma imediata. Também podemos, por meio da espiritualidade, sentir que estamos inseridos em uma totalidade, o que nos sensibiliza aos valores divinos e transcendentes da perspectiva humana.

Algumas pesquisas científicas[147] nessa área, constataram que a espiritualidade pode ser compreendida como parte da condição humana e não uma área de domínio das religiões. Colocando as religiões apenas como expressões institucionais da espiritualidade. Nosso cérebro teria uma área, especialmente localizada nos lobos temporais, que capacita a espécie humana a perceber a presença de Deus.

147 CHAVES, Irenio Silveira. "O que é inteligência espiritual?", in: *Filosofia Espiritualidade Psicanálise*, 28 de novembro de 2008. Disponível em: https://cutt.ly/FrszJmmV (acesso em 03/04/2025).

Isso é maravilhoso, pois o ser humano tem essa capacidade justamente porque foi criado por Deus para se relacionar com ele. Boa parte de nós já ouviu a expressão popular "o ser humano tem dentro de si um vazio do tamanho de Deus, e que, portanto, somente poderá ser preenchido por Deus". Ao buscarmos preencher essa lacuna, que foi criada para o exclusivo preenchimento de Deus em nosso relacionamento com ele, por meio de outras coisas, a experiência de plenitude possivelmente não será alcançada.

A espiritualidade é uma via imprescindível para a experiência de plenitude. Ela envolve a conexão com o criador divino, que se mobiliza em uma dimensão transcendente (além da consciência humana) e eterna (sem limites).

Já a religiosidade é muito diferente. Está mais ligada a rituais e crenças específicas que norteiam uma instituição eclesiástica (religiosa). Mesmo que as palavras espiritualidade e religiosidade estejam relacionadas com discursos sobre o divino, diferenciam-se categoricamente na experiência junto ao divino. A espiritualidade possibilita uma experiência direta com Deus. A religiosidade expressa rituais e institucionalidades que podem, inclusive, desfavorecer a experiência com Deus, dependendo do contexto de crenças.

Uma experiência com Deus é muito mais do que seguir rituais que não transformam a vida, que não evoluem nossa percepção do sentido da vida, da existência e da eternidade. A religiosidade pode favorecer a experiência da espiritualidade, mas também pode inviabilizar a experiência com Deus por meio de estereotipias, coreografias espiritualizadas, legalismos, etc.

Ter um referencial religioso pode ser importante, mas precisamos compreender que não é ele que nos promoverá a experiência da espiritualidade. Para isso será necessário adentrar o solo sagrado da proximidade relacional com Deus. Essa experiência nos equipará para pisar ainda em um outro solo sagrado, a proximidade relacional com nosso semelhante. E isso tem um especial sentido para a relação conjugal.

## O Solo Sagrado da proximidade relacional com Deus

O relacionamento com Deus faz parte de uma jornada individual, ou seja, é uma tarefa intransferível e impossível de se impor a alguém. Cada cônjuge deve assumir uma postura ativa em sua vida espiritual. Aproveitando ainda a metáfora do carro potente, poderíamos dizer que o abastecimento do carro é tarefa da pessoa que é responsável pelo carro. Então, se os cônjuges (marido e esposa) são responsáveis para colocar o amor em movimento no casamento e por exercerem o sacerdote mútuo do lar, são eles os responsáveis por manterem-se abastecidos no amor de Deus, pela via da espiritualidade, para poderem transbordar desse amor em sua vida conjugal e familiar.

A via da espiritualidade nos conscientiza de que temos que absolver o nosso cônjuge da tarefa de preencher a nossa vida de sentido. Cada um deve assumir a tarefa de buscar a sua realização em Deus. É ele, e somente ele, quem pode encher a nossa vida com real sentido. Isso significa que não podemos transformar o cônjuge no centro da vida. Quem deve ocupar esse lugar é Deus. Conforme refere Gary Smalley:

> Frequentemente, os casais acreditam que a felicidade deles está baseada um no outro. Mas a nossa verdadeira felicidade, a nossa verdadeira alegria está baseada em nosso relacionamento com Deus.[148]

Como podemos desenvolver um relacionamento com Deus de tal forma que o sentido da vida possa ser experimentado realmente? Primeiramente é preciso identificar a nossa necessidade espiritual. Da mesma forma que temos necessidades, físicas, emocionais e intelectuais, também temos necessidades espirituais. A principal necessidade espiritual está relacionada com a perspectiva da solitude, que é um estar só, por opção, em um estado de privacidade não associado a sofrimento, o que é muito diferente de solidão. O fato é que precisamos de momentos a sós para refletir sobre as nossas questões, distanciados de pessoas, até mesmo de nosso cônjuge. É preciso entrar em contato com uma realidade maior para percebermos outros ângulos de nossa existência e percepção da realidade imediata. Para isso precisamos de momentos de solitude, sendo uma necessidade que é da ordem da espiritualidade. Deus nos criou com essa necessidade de solitude justamente para que possamos buscá-lo, para nele apaziguarmos os nossos anseios mais profundos.

É na solitude que renunciamos às defesas e tiramos as máscaras para ficar diante daquele que tem o poder de apaziguar nossa alma cansada e necessitada

148 SMALLEY, Gary e CUNNINGHAM, Ted. *A linguagem do sexo.* (Belo Horizonte/MG: Ministério Joyce Méier, 2008):177.

de alívio das demandas existenciais da vida. É pisar o solo sagrado da proximidade relacional com Deus, tirando um tempo para a devoção a Deus, por meio da leitura da Palavra, da oração e da contemplação.

Pisar o solo sagrado da proximidade relacional com Deus significa buscar um lugar "separado", um lugar onde seremos recompensados pela experiência relacional com Deus.

> *Mas quando você orar, vá para seu quarto, feche a porta e ore a seu Pai, que está em secreto. Então seu Pai, que vê em secreto, o recompensará.* (Mt 6.6)

A graça recebida e vivenciada relacionalmente na intimidade com Deus alimenta a alma e dá sentido à nossa existência. A partir dessa experiência relacional com Deus podemos seguir revitalizados para nos relacionarmos com as pessoas de nosso convívio. "Pisando" o solo sagrado da proximidade relacional com Deus estaremos preparados para "pisar" o solo sagrado da proximidade relacional com nosso semelhante. Na experiência com Deus podemos experimentar um amor verdadeiro que nos capacita a amar as pessoas com amor Ágape. Dele, que é a fonte, recebemos amor incondicional e abundante para podermos derramá-lo para outras vidas. Isso inclui especialmente a pessoa mais próxima do nosso convívio, o nosso cônjuge.

## O Solo Sagrado da proximidade relacional com nosso semelhante

Nosso semelhante, assim como nós, carrega dentro de si a imagem e semelhança de Deus e isso o transforma em um "solo sagrado". Significa que devemos ter respeito por essa essência que o outro carrega, assumindo uma postura de cuidado no falar e agir na convivência com o outro.

Quando Moisés experimentou o "pisar no solo sagrado" no monte, diante de uma sarça ardente, Deus pediu-lhe que tirasse suas sandálias: *"Tire as sandálias dos pés, pois o lugar em que você está é terra santa"* (Êx 3.5).

Esse gesto sinaliza submissão, rendição e reverência diante do sagrado, mas também um desvestir-se de aspectos que possam ferir a santidade diante da qual nos submetemos e nos rendemos. É a expressão simbólica do temor a Deus para experimentá-lo na intimidade.

> *O temor do Senhor é o princípio da sabedoria; todos os que cumprem os seus preceitos revelam bom senso. Ele será louvado para sempre!* (Sl 111.10)

> *O temor do Senhor é o princípio do conhecimento...* (Pv 1.7)

> *O temor do Senhor é o princípio da sabedoria, e o conhecimento do Santo é entendimento.* (Pv 910)

> *O temor do Senhor prolonga a vida... (Pv 10.27)*

> *O temor do Senhor é fonte de vida, e afasta das armadilhas da morte.* (Pv 14.27)

> *É melhor ter pouco com o temor do Senhor do que grande riqueza com inquietação.* (Pv 15.16)

> *O temor do Senhor ensina a sabedoria, e a humildade antecede a honra.* (Pv 15.33)

> *O temor do Senhor conduz à vida: quem o teme pode descansar em paz, livre de problemas.* (Pv 19.23)

> *A recompensa da humildade e do temor do Senhor são a riqueza, a honra e a vida.* (Pv 22.4)

> *Como é feliz o homem constante no temor do Senhor!* (Pv 28.14)

Moisés assumiu essa postura de "temor" a Deus, ou seja, de reverência absoluta. Foi uma experiência intensa para Moisés, que transformou a sua vida. Essa experiência resultou em uma missão especial para ele, teria que voltar ao Egito para libertar o seu povo. Da mesma forma, quando nós adentramos o solo sagrado da proximidade com Deus, saímos com uma missão especial, ou seja, o efeito da proximidade relacional com Deus se mostra em uma missão. Se "tiramos os nossos calçados", simbolicamente falando, para entrar na presença de Deus, seguimos com "novos calçados", conforme está especificado para a vestimenta do cristão em Efésios 6.15: ... *tendo os pés calçados com a prontidão do evangelho da paz.*

A nossa missão passa a ser de mensageiros da paz. Isso significa que por onde quer que andemos seremos agentes de paz. Essa missão tem especial significado no contexto de nossa casa. Não podemos calçar os "calçados da paz" fora e "tamancos de guerra" dentro de nossos lares. Dentro de casa precisamos viver o Evangelho que experimentamos e discursamos. Um Evangelho que anuncia as grandezas de Deus. Esse é o exercício da função sacerdotal de homens e mulheres em seus lares.

A paz experimentada em Deus é a nossa liberdade. Podemos nos libertar de contendas, ter paz interior apesar da presença constante do inimigo à nossa volta e dos mais variados desafios que tenhamos de enfrentar. A prontidão para o Evangelho da paz é o calçado da armadura de Deus, que serve de diretriz para o caminhar do cristão, inclusive em tempos de adversidade.

O calçado externo no pé é um mero pisante, porém para termos um andar diário cheio de graça nas relações intrapessoais e interpessoais, é preciso calçar um "calçado interno" que é superior a qualquer sapato que se possa comprar. Por isso, é importante que desenvolvamos uma subjetividade que permita um andar que expresse uma vivência sintonizada com o sagrado, pelo viés da espiritualidade.

Os cônjuges que condicionam seu viver diário norteado por uma espiritualidade assim podem contribuir para que experimentem uma comunhão entre si como casal. Podem usufruir de uma unidade em que vencem juntos as adversidades, tendo Deus como sua força.

> *Um homem sozinho pode ser vencido, mas dois conseguem defender-se. Um cordão de três dobras não se rompe com facilidade.* (Ec 412)

Na situação em que os discípulos estavam atravessando o mar da Galileia e aconteceu um terrível temporal, a presença de Jesus acalmou a tempestade assustadora e impediu que o barco fosse a pique. Da mesma forma, no enfrentamento das adversidades (que poderão ser inevitáveis), ter Jesus no centro poderá favorecer um equilíbrio saudável novamente.

*Rogo [...] para que todos sejam um, Pai, como tu estás em mim e que em ti. Que eles também estejam em nós, para que o mundo creia que tu me enviaste.* (Jo 17.20-21)

Muitos casais desejam que seus filhos sigam no caminho do Senhor, mas se esquecem de que para que os filhos creiam, eles deveriam ser um.

A unidade e a comunhão entre os cônjuges são facilitadas pelo canal espiritual, na medida em que assumem uma postura que vem de dentro, em uma comunhão com o divino Deus que em nós habita e com seus valores eternos. Assim, estarão mais ajustados aos valores bíblicos, como amor, respeito, liberdade, perdão, honra, dignidade, valorização, entrega, doação, honestidade, fidelidade e gratitude.

## A ESPIRITUALIDADE AJUSTA NOSSOS VALORES

### *Amor*

*Acima de tudo, porém, revistam-se do amor, que é o elo perfeito.* (Cl 3.14)

*Nisto conhecemos o que é o amor: Jesus Cristo deu a sua vida por nós, e devemos dar a nossa vida por nossos irmãos.* (1Jo 3.16)

*Não devam nada a ninguém, a não ser o amor de uns pelos outros, pois aquele que ama seu próximo tem cumprido a Lei. Pois estes mandamentos: "Não adulterarás", "Não matarás", "Não furtarás", "Não cobiçarás", e qualquer outro mandamento, todos se resumem neste preceito: "Ame o seu próximo como a si mesmo". O amor não pratica o mal contra o próximo. Portanto, o amor é o cumprimento da Lei.* (Rm 13.8-10)

*O amor é paciente, o amor é bondoso. Não se inveja, não se vangloria, não se orgulha. Não maltrata, não procura os seus próprios interesses, não se ira facilmente, não guarda rancor. O amor não se alegra com a injustiça, mas se alegra com a verdade. Tudo sofre, tudo crê, tudo espera, tudo suporta. O amor nunca perece...* (1Co 13.4-7)

*Sigam o caminho do amor...* (1Co 14.1)

*Sobretudo, amem-se sinceramente uns aos outros, porque o amor perdoa muitíssimos pecados.* (1Pe 4.8)

### *Respeito (submissão)*

Em primeiro lugar respeito e honra a Deus.

*Jesus Cristo é o mesmo, ontem, hoje e para sempre.* (Hb 13.8)

*Por meio de Jesus, portanto, ofereçamos continuamente a Deus um sacrifício de louvor, que é fruto de lábios que confessam o seu nome.* (Hb 13.15)

Mas também respeito de uns para com os outros

*Sujeitem-se uns aos outros, por temor a Cristo.* (Ef 5.21)

*... mulheres, sujeite-se cada uma a seu marido, a fim de que, se ele não obedece à palavra, seja ganho sem palavras, pelo procedimento de sua mulher, observando a conduta honesta e respeitosa de vocês. A beleza de vocês não deve estar nos enfeites exteriores, como cabelos trançados e joias de ouro ou roupas finas. Ao contrário, esteja no seu interior, que não perece, beleza demonstrada num espírito dócil e tranquilo, o que é de grande valor para Deus.* (1Pe 3.1-4)

*Do mesmo modo vocês, maridos, sejam sábios no convívio com suas mulheres e tratem-nas com honra, como parte mais frágil e coerdeiras do dom da graça da vida, de forma que não sejam interrompidas as suas orações.* (1Pe 3.7)

### *Honra (valorização do outro)*

*Prefiram dar honra aos outros mais do que a si próprios.* (Rm 12.10b)

*Pois onde há inveja e ambição egoísta, aí há confusão e toda espécie de males.* (Tg 3.16)

### *Empatia*

*Alegrem-se com os que se alegram; chorem com os que choram. Tenham uma mesma atitude uns para com os outros.* (Rm 12.15-16a)

### *Humildade*

*Não sejam orgulhosos [...] não sejam sábios aos seus próprios olhos.* (Rm 12.16b)

### *Perdão (autoexaminar, arrepender, confessar, reparar, perdoar e ser perdoado)*

*Sejam bondosos e compassivos uns para com os outros, perdoando-se mutuamente, assim como Deus os perdoou em Cristo* (Ef 4.32)

### *Autoexame*

*Por que você repara no cisco que está no olho do seu irmão e não se dá conta da viga que está em seu próprio olho? Como você pode dizer ao seu irmão: 'Irmão, deixe-me tirar o cisco do seu olho', se você mesmo não consegue ver a viga que está em seu próprio olho? Hipócrita, tire primeiro a viga do seu olho, e então você verá claramente para tirar o cisco do olho do seu irmão.* (Lc 6.41-42)

*Liberdade*

*Vivam como pessoas livres, mas não usem a liberdade como desculpa para fazer o mal; vivam como servos de Deus.* (1Pe 2.16)

*Foi para a liberdade que Cristo nos libertou. Portanto, permaneçam firmes e não se deixem submeter novamente a um jugo de escravidão.* (Gl 5.1).

*Irmãos, vocês foram chamados para a liberdade. Mas não usem a liberdade para dar ocasião à vontade da carne ao contrário, sirvam uns aos outros mediante o amor. Toda a Lei se resume num só mandamento: "Ame o seu próximo como a si mesmo", mas se vocês se mordem e se devoram uns aos outros, cuidado para não se destruírem mutuamente. Por isso digo: Vivam pelo Espírito, e de modo nenhum satisfarão os desejos da carne.* (Gl 5.13-16)

*Igualdade*

*Nessa nova vida já não há diferença entre grego e judeu, circunciso e incircunciso, bárbaro e cita, escravo e livre, mas Cristo é tudo e está em todos.* (Cl 3.11)

*Não há judeu nem grego, escravo nem livre, homem nem mulher; pois todos são um em Cristo Jesus.* (Gl 3.28)

*Honestidade e confiabilidade (não hipocrisia)*

*O amor deve ser sincero...* (Rm 12.9)

*Portanto, livrem-se de toda maldade e de todo engano, hipocrisia, inveja e toda espécie de maledicência.* (1Pe 2.1)

*Mas agora, abandonem todas estas coisas: ira, indignação, maldade, maledicência e linguagem indecente no falar. Não mintam uns aos outros, visto que vocês já se despiram do velho homem com suas práticas e se revestiram do novo, o qual está sendo renovado em conhecimento, à imagem do seu Criador. Nessa nova vida já não há diferença entre grego e judeu, circunciso e incircunciso, bárbaro e cita, escravo e livre, mas Cristo é tudo e está em todos. Portanto, como povo escolhido de Deus, santo e amado, revistam-se de profunda compaixão, bondade, humildade, mansidão e paciência. Suportem-se uns aos outros e perdoem as queixas que tiverem uns contra os outros. Perdoem como o Senhor lhes perdoou. Acima de tudo, porém, revistam-se do amor, que é o elo perfeito. Que a paz de Cristo seja o juiz em seus corações, visto que vocês foram chamados a viver em paz, como membros de um só corpo. E sejam agradecidos.* (Cl 3.8-15)

### *Partilha (relacionamento baseado acolhimento, no dar e receber)*

*Compartilhem o que vocês têm com os santos em suas necessidades. Pratiquem a hospitalidade.* (Rm 12.13)

*Sejam mutuamente hospitaleiros, sem reclamação.* (1Pe 4.9)

### *Caráter de Nobreza*

*Abençoem aqueles que os perseguem; abençoem, e não os amaldiçoem.* (Rm 12.14)

*Não retribuam a ninguém mal por mal. Procurem fazer o que é correto aos olhos de todos. Façam todo o possível para viver em paz com todos.* (Rm 12.17-18)

*Portanto, cada um de vocês deve abandonar a mentira e falar a verdade ao seu próximo, pois todos somos membros de um mesmo corpo. Quando vocês ficarem irados, não pequem. Apaziguem a sua ira antes que o sol se ponha, e não deem lugar ao Diabo. O que furtava não furte mais...* (Ef 4.25-28)

### *Resiliência*

*Alegrem-se na esperança, sejam pacientes na tribulação, perseverem na oração.* (Rm 12.12)

*Não se deixem vencer pelo mal, mas vençam o mal com o bem.* (Rm 12.21)

*Feliz é o homem que persevera na provação, porque depois de aprovado receberá a coroa da vida, que Deus prometeu aos que o amam.* (Tg 1.12)

### *Felicidade*

*Sejam praticantes da palavra, e não apenas ouvintes, enganando-se a si mesmos. Aquele que ouve a palavra, mas não a põe em prática, é semelhante a um homem que olha a sua face num espelho e, depois de olhar para si mesmo, sai e logo esquece a sua aparência. Mas o homem que observa atentamente a lei perfeita, que traz a liberdade, e persevera na prática dessa lei, não esquecendo o que ouviu, mas praticando-o, será feliz naquilo que fizer.* (Tg 1.22-25)

*Como é feliz quem teme o Senhor, quem anda em seus caminhos! Você comerá do fruto do seu trabalho, e será feliz e próspero. Sua mulher será como a videira frutífera em sua casa; seus filhos serão como brotos de oliveira ao redor de sua mesa. Assim será abençoado o homem que teme ao Senhor!* (Sl 128.1-4)

Nesses textos percebemos um princípio valoroso para a experiência da felicidade: a intimidade com Deus que se derrama na intimidade com nosso semelhante. Amamos Deus amando pessoas e amando pessoas, amamos Deus. Nessa dimensão da vivência da espiritualidade é que marido e esposa exercem o sacerdócio mútuo do lar e anunciam, no contexto conjugal e familiar, as grandezas de Deus, que os chamou das trevas para a sua maravilhosa luz.

# 7

# A COMPOSIÇÃO MÚTUA DO ORÇAMENTO FAMILIAR

*Carlos "Catito" Grzybowski*[149]

Um jargão em língua inglesa que se tornou muito conhecido também no Brasil diz: "Money move the world!" (O dinheiro move o mundo). Uma frase muito forte, porém, muito verdadeira em uma sociedade movida pelo capital e pelos efeitos que ele tem sobre os relacionamentos.

Embora não devesse, essa verdade impera também nos relacionamentos familiares e creio que nos dias atuais se trata de um tema mais difícil de lidar do que o tema da sexualidade no seio da família.

Uma primeira a imediata associação que fazemos quando falamos do tema do dinheiro no contexto familiar é a questão do poder e, por conseguinte, do controle. Com tristeza ao longo de mais de 40 anos de prática clínica com terapia de casais e de famílias ouvimos frases como:

"— Quem você pensa que é? Sou eu que pago todas as contas em casa e por isso você tem que me obedecer!"

Esse tipo de afirmação esconde algo muito mais profundo nos relacionamentos familiares, sendo o indicativo de que há sérios problemas não visíveis dentro da família. Eu costumo afirmar que é como uma espécie de febre, um sintoma, que aponta para uma infecção oculta no organismo familiar — a intervenção não pode se dar apenas no sintoma, é preciso descobrir e atacar as causas mais profundas.

149 Carlos "Catito" Grzybowski é psicólogo, especialista em terapia de casais e famílias, mestre em Psicologia da infância e adolescência e doutor em Linguística Aplicada

Há poucos dias fui convidado para falar em uma *live* sobre a temática: "O que nos instiga a seguir quando perdemos tudo?" e ao final uma das pessoas que organizaram a palestra me fez diretamente essa pergunta e eu respondi com outra pergunta: O que realmente nós temos?

Naturalmente as pessoas se preocupam com o dinheiro e especialmente com a falta dele e estou convicto de que para a grande maioria da população o nível de satisfação nessa área se resume nesta frase: um pouco mais!

A ansiedade de chegar ao final da vida com poucos recursos leva muitos a guardarem dinheiro de forma obsessiva e muitas vezes sovina, enquanto outros pensam que o importante é desfrutar o hoje e acabam gastando de forma irrefletida, muitas vezes colocando a si e a sua família em situações delicadas.

É claro que as pessoas que possuem muitos recursos financeiros têm preocupações bastante distintas das que vivem com escassez, entretanto alguns conflitos intrafamiliares nesses extremos da pirâmide social podem ser bem semelhantes. Disputas por heranças, seja de mansões ou de um barraco, podem se manifestar quando os relacionamentos familiares não são bem trabalhados ao longo do ciclo vital.

Dessa forma podemos constatar que o dinheiro é um símbolo de elementos relacionais dentro da família e da conjugalidade. Podemos então nos perguntar: O que o dinheiro realmente simboliza?

Em primeiro lugar ele simboliza a fantasia de que o dinheiro pode nos trazer conforto através da aquisição de bens materiais que irão facilitar a nossa vida. Todavia quanto mais bens, também maior pode ser a ansiedade em mantê-los. Nesse sentido a ideia de que o dinheiro compra a felicidade pode ser uma faca de dois gumes.

Gosto muito de fazer um comparativo entre duas situações que eu vivi e que estão relacionadas a esta questão.

Certa ocasião minha esposa e eu (naquela época ainda noivos) fomos convidados a um aniversário de um conhecido do grupo de jovens da igreja que frequentávamos, cuja família era de origem germânica e bastante rígida. No momento em que íamos embora, minha esposa (noiva) levantou-se e sem querer esbarrou com a ponta de sua saia em um copo de cristal que estava na borda de uma mesa de centro e o copo infelizmente caiu no chão e quebrou. A mãe do aniversariante surgiu na porta que ligava a sala à cozinha e ficou ali parada em silêncio apenas olhando para a cena, em absoluto silêncio (compartilhado pelos demais presentes) enquanto minha esposa (noiva) e eu tentávamos juntar os cacos o mais rapidamente que podíamos e repetindo incansavelmente pedidos de desculpas.

Quando eu percebi que a situação se tornava cada vez mais embaraçosa pelo absoluto silêncio recriminador, simplesmente peguei minha esposa pela mão, nos levantamos, nos despedimos (sem muitas respostas) e saímos rapidamente. Aquele copo quebrado tinha um símbolo para aquela família que ia muito além do seu valor material e procuraram deixar bem claro para todos os presentes o mal que havíamos lhes causado.

A outra situação também ocorreu em uma festa, desta vez uma celebração de Natal em minha casa. Meu pai, que era muito afetivo com os netos, estava sentado no chão da sala brincando com eles (meus filhos e os filhos de minha irmã), enquanto aguardávamos ficar pronto o jantar. Enquanto isso eu abri um espumante e enchi as taças de cristal para fazermos um brinde.

Justamente quando eu estava passando com a bandeja com as taças com espumante onde meu pai estava com as crianças, ele não me viu e levantou-se repentinamente. Ele bateu com tudo na bandeja derrubando várias taças, quebrando-as e fazendo um alagado de espumante no chão e em minha roupa. Ao ver a situação caótica meu pai ergueu os braços e gritou: Viva!!!

Todos seguimos seu grito e rimos bastante. Limpamos a sujeira, troquei de roupa e o jantar seguiu normalmente, com muitas brincadeiras acerca do que havia acontecido. Aquele Natal ficou gravado por esse fato que é sempre lembrado como um momento divertido.

Não houve lamento pelas taças quebradas nem pelo espumante derramado, pois o valor material foi rapidamente substituído por um valor relacional mais importante. Nunca mais conseguimos taças iguais àquelas para repor (havíamos ganhado de presente de casamento), mas isso não foi o que ficou na memória, e sim o engraçado da situação.

Creio que essas duas situações ilustram bem o significado do quanto os bens têm um lugar central na vida de algumas famílias, enquanto em outras, nas quais os relacionamentos são priorizados, os bens ficam em um plano secundário.

Outra coisa que o dinheiro simboliza é a questão da justiça, em especial sua distribuição dentro de uma sociedade democrática. Nessa perspectiva o dinheiro pode ser visto, a partir de uma ideologia neoliberal, como a justa recompensa pelo esforço de uma pessoa que se dedicou ao trabalho e ao crescimento pessoal (em contrapartida àqueles que foram preguiçosos e/ou não se esforçaram o suficiente e por isso permanecem na pobreza). Ou pode ser visto, na perspectiva de uma ideologia democrata social, a partir da sua distribuição injusta, mantendo os estratos sociais com pouca mobilidade e concentrando a maior quantidade de bens nas mãos de uma elite.

Dentro das famílias e dos relacionamentos conjugais também ocorre uma contínua reivindicação da distribuição "justa" do dinheiro. Existem várias formas de entendimento dessa "justiça". Para aqueles casais que vêm de contextos mais conservadores, nos quais a ideia de "chefe da família" predomina, a responsabilidade última das finanças familiares é do marido.

Certa ocasião minha esposa e eu estávamos ministrando um retiro para casais jovens (com menos de cinco anos de casados) e trabalhando o tema de finanças. Dividimos os casais em pequenos grupos para debater o que havia sido exposto na plenária e, para nossa surpresa, as esposas daquele grupo, quase todas profissionais estabelecidas em suas carreiras, consideravam que as despesas domésticas eram totalmente responsabilidade do marido, enquanto o rendimento pessoal delas era para gastos pessoais. Ainda que jovens, o contexto conservador nos qual foram criados os doutrinava com a ideia de que a responsabilidade última das finanças do lar era do marido.

Arranjos mais modernos tentam dividir as questões do orçamento de forma proporcional aos ganhos de cada membro do casal ou simplesmente encarregando cada um a arcar com 50% das despesas. Esses arranjos podem ser complicados, especialmente para se chegar ao consenso do que efetivamente é justo ou também quando há muita rigidez nessa divisão.

Um ponto de conflito muito comum nesses arranjos é quando surgem despesas extraordinárias fora do acordado e isso imediatamente gera uma tensão sobre quem vai arcar com tais despesas ou como será feita a divisão. Por exemplo: se no acordo do orçamento mensal do casal um está responsável pela conta do consumo de eletricidade e o outro pelo consumo da água, se por um infortúnio ocorre um vazamento em determinado mês, é justo que aquele que está responsável pela conta da água assuma sozinho esse aumento?

Certa vez eu soube de um fato que chegava ao limite do ridículo: um casal foi jantar fora para celebrar uma data especial e ao final do jantar o marido pediu a conta. Quando o garçom trouxe a conta ele olhou e pediu que o garçom refizesse dividindo por dois, pois cada um iria arcar com metade do valor. Quando o garçom retornou com a conta dividida por dois a esposa pegou e disse que ele deveria refazer pois o prato que ela havia solicitado era de valor menor do que o prato do marido e que também o marido havia consumido bebida alcoólica e ela não, portanto o valor dela seria menor. Assim fizeram o garçom refazer três vezes a comanda... em nome da "justiça"!

Cada casal deve buscar arranjos funcionais para a idiossincrasia de cada relação constituída. A ideia conservadora de que o único ou o principal provedor familiar deve ser o homem/ marido, não encontra sustentação nas Escrituras Sagradas. Ao contrário, da mulher virtuosa descrita em Provérbios 31, afirma-se que ela trabalha, traz provisão para a casa, negocia e com o lucro dos negócios faz novos investimentos (compra uma vinha) e administra bem seu negócio! É interessante que o texto sequer mencione se o marido tem algum rendimento pelo seu trabalho junto às autoridades.

É importante ressaltar que a provisão conjugal não se limita apenas ao dinheiro que cada cônjuge traz para a manutenção financeira do relacionamento, mas também aos investimentos de tempo e energia na execução das inúmeras tarefas domésticas por cada membro do casal ou da família.

Muitos não consideram que estas atividades são parte do orçamento doméstico, porém eu sempre afirmo aos casais que aconselho que se um deles ou ambos não executassem tais tarefas, o custo que precisaria ser pago para que terceiros as realizassem seria bem alto: lavanderia, restaurante, faxineira, etc.

Desta forma devemos entender que se as tarefas domésticas são relegadas somente a um dos cônjuges e essa pessoa também contribui com algum numerário para a quitação das contas de manutenção do lar, é possível que, na soma destas coisas, tal pessoa esteja aportando muito mais que o cônjuge, mesmo que eventualmente o outro participe com um numerário um pouco maior (ou igual).

Por fim, segundo Madamés, "espiritualidade raramente é assunto de discussão entre aqueles que tentam controlar a atividade econômica".[150]

150 MADAMÉS, Cloé e MADAMÉS, Claudio. *O significado secreto do dinheiro.* (Campinas/SP: Editorial Psy, 1997): 16.

Para os autores, todos os humanos trazem em si duas naturezas que coabitam no mesmo ser, a saber: a espiritualidade e o materialismo. Enquanto o dinheiro representa a essência do materialismo, a espiritualidade nos traz à mente o ideal de um mundo melhor e do significado da vida. "A história da humanidade pode ser descrita pela luta entre as forças do materialismo egoísta e a voz da justiça e a compaixão".[151]

É importante destacar que a expressão concreta de amar o próximo passa pelo uso do dinheiro. Logo esse "vil representante" do materialismo pode também ser um instrumento do exercício de nossa espiritualidade. Assim, há um constante conflito entre o uso do dinheiro para fins egoístas ou para expressão de compaixão.

Francisco de Assis despojou-se de todos os seus bens para viver uma espiritualidade de compaixão ao próximo, mas logo precisou da compaixão dos outros para a provisão de suas necessidades básicas, o que poderíamos chamar de círculo retroalimentativo virtuoso. Nem todos somos chamados a ser "Franciscos de Assis", mas também não necessitamos nos tornar acumuladores seduzidos pela sociedade "capetalista" (expressão utilizada pelo Dr. Ageu Lisboa para descrever essa sociedade que constantemente gera em nós necessidades de coisas que não precisamos e que nos esforçamos para adquirir com o dinheiro que não temos)!

Ainda segundo Madamés:

> no passado, uma religião bem-organizada regulava a discriminação entre nossas obrigações espirituais e nossos desejos materiais. À medida que a espiritualidade foi desaparecendo como um elemento do eu, os desejos materiais começaram cada vez mais a definir nosso senso de identidade. Os desejos, então, se tornaram despóticos e viciosos. Um importante equilíbrio foi quebrado, e perdemos o controle sobre o materialismo.[152]

Urge resgatarmos os valores hebraico-cristãos também para a compreensão a respeito do uso das finanças e bens materiais dentro do relacionamento conjugal.

Lembrando primeiramente que a Bíblia afirma que todos os bens materiais provêm de Deus: *"Tanto a prata quanto o ouro me pertencem", declara o*

151 Ibid., p.17.
152 Ibid.

*Senhor dos Exércitos* (Ag 2.8). Precisamos confiar que as provisões que recebemos são dádivas divinas e não somente fruto de nosso esforço, pois mesmo o nosso esforço é resultado da dádiva da saúde que Deus nos presenteia.

Afirmar que o dinheiro me pertence porque fui eu que me esforcei para consegui-lo é desconsiderar a bondade e misericórdia do Senhor sobre as nossas vidas que *renovam-se a cada manhã* (Lm 3.22-23).

A provisão divina para nossas vidas, através do fruto de nosso trabalho, tem uma dupla finalidade: o sustento de nossas necessidades e a partilha com os menos favorecidos — que na essência é exatamente o equilíbrio entre o materialismo e a espiritualidade.

Como essa provisão vem de Deus, ela não está atrelada a um gênero específico, nem deve ser usada como instrumento de controle e poder no relacionamento conjugal. Importa recebermos das mãos de Deus, com gratidão, e fazermos um uso sensato e equilibrado dos recursos.

Nesse sentido o casal deve pensar em si como uma "Unidade Cooperativa Financeira Funcional" na qual todas as provisões recebidas devem ser partilhadas e utilizadas para o crescimento da conjugalidade e para abençoar aos que necessitam — qualquer coisa fora destes objetivos é um sinal de que estamos seduzidos por "Mamom" (Mt 6.24).

Nossa sociedade estabelece padrões de competitividade e busca egocêntrica de bens e dinheiro com fins de empoderamento e acumulação, mas a Palavra nos adverte que devemos ter uma mente crítica e 'crística' não nos conformando aos padrões de um mundo que jaz no maligno (Rm 12.2).

Que a harmonia no manejo do orçamento doméstico possa ser um testemunho que aponte para aquele que valoriza o ser humano pelo que ele é e nunca pelo que ele tem: Jesus!

# 8

# A PROATIVIDADE DO CASAL NO SUBSISTEMA PARENTAL

*Dagmar Fuchs Grzybowski*[153]

Algum tempo depois que um casal se une em casamento, a maior parte deles deseja ter filhos. Nessa fase novos desafios se constituem. Surgem novos papéis, acordos antigos devem ser revistos, tarefas novas discutidas e divididas. Com isso também afloram muitas ansiedades, questionamentos e incertezas, pois se adentra em um mundo novo e desconhecido: a parentalidade.

Para Carlos Catito,

> a vida familiar é extremamente dinâmica. Cada vez que um membro entra para a família ou sai dela, [...] são necessários novos ajustes que afetarão definitivamente o funcionamento familiar e a relativa harmonia atingida até aquela fase.[154]

Portanto, uma criança ao nascer traz muitos desafios, muitas mudanças e adaptações, e nesta fase, já desde a gestação, o casal precisa estabelecer um diálogo franco e aberto, investindo profundamente na cumplicidade e na parceria, a fim de que o bebê possa crescer em um ambiente funcional saudável e dinâmico.

A grande tarefa que se propõe para os pais é preparar este serzinho para a vida. É deixá-lo apto para uma vida plena, realizada e independente, para que

153 Dagmar F. Grzybowski é psicóloga, especialista em Terapia Familiar Sistêmica.

154 GRZYBOWSKI, Carlos Catito. *Como se livrar de um mau casamento: construindo um relacionamento significativo*. (Viçosa/MG: Ultimato 2004): 56.

se torne uma pessoa bem resolvida consigo mesma, com sua família e com a sociedade. Certamente não é uma tarefa fácil. Muitas coisas concorrem com os valores familiares e muitas vozes, tanto da família extensa, quanto da mídia e dos influencers, pretendem saber e instruir como os pais devem agir com seu filho. Estes, por sua vez, ficam extremamente ansiosos e inseguros diante da tarefa, pois parece impossível escolher e decidir como fazer o certo.

Na minha prática clínica, muitas vezes atendo casais que pretendem iniciar uma família. Lembro-me de um casal em particular, a Cris e o Júnior.[155] Eles estavam tentando engravidar há bastante tempo, mais de 2 anos, e finalmente estavam grávidos. Quanta alegria! Mas junto vieram outros sentimentos, menos agradáveis. Cris, que sempre fora uma moça muito cuidadosa com o seu corpo, atenta para não adquirir gordurinhas em lugares indesejados, agora começou a ter a barriga grande e marcada de estrias. Não se achava mais atraente, sentia-se insegura em relação ao marido, mas não tinha coragem de dividir essas inseguranças com ele com medo de ser incompreendia. Júnior, por sua vez, estava preocupado com o aspecto financeiro, pois haviam combinado que Cris deixaria de trabalhar em sua profissão nos primeiros anos do filho. Ficava aflito ao pensar no aumento das despesas e na diminuição da renda. Além disso, eles se preocupavam com o seu novo papel, se perguntavam se seriam capazes de cuidar corretamente da criança, até se seriam capazes de amá-la sem reservas. Ambos guardavam seus medos e ansiedades e assim passaram a ter um relacionamento mais superficial. Foi nessa época que me procuraram. Durante alguns meses pudemos trabalhar a relação do casal, fortalecendo-os para que exercessem a sua tarefa de pais, sem negligenciar seu primeiro papel como casal, que continuassem a investir na cumplicidade e na ternura, criando assim um ambiente propício para o desenvolvimento pleno do bebê.

Todos os casais têm muitas diferenças que precisam ser equalizadas para que o relacionamento se torne sólido. Na medida em que os cônjuges conseguem perceber suas diferenças, e não pretendem impor um sobre o outro o seu modo de ver a realidade como sendo o único certo, mas conseguem integrar as diferenças com respeito mútuo, estarão preparados para crescer no relacionamento e prontos para a nova etapa que é a criação de filhos.

155 Nomes fictícios e dados alterados a fim de preservar o anonimato.

Para Whitaker e Bumberry,

> É o laço afetivo entre pai e mãe que é crucial para a criança [...] Seus sentimentos de segurança ou de pânico são o reflexo da ligação emocional entre seus pais. Não é a relação com a mãe que é central, ou sua relação com o pai, mas sim sua relação com o relacionamento deles.[156]

Portanto primeiramente é necessário que a relação de afeto entre o casal seja fortalecida. A criança percebe desde as suas primeiras interações como é a relação entre pai e mãe. Ao perceber que essa relação é sólida, que os pais se amam, ela fica tranquila para se desenvolver plenamente. Por outro lado, ao perceber a relação entre pai e mãe como frágil ou inexistente, torna-se insegura, muitas vezes sentindo-se responsável por manter o relacionamento deles, e este é um fardo muito grande para uma criança.

Alguns casais decidem ter filhos em uma tentativa desesperada de manter o relacionamento, pensam que a criança vai ser a "cola" para resolver seus problemas. Nesse caso transferem para a criança que irá chegar uma carga demasiadamente difícil pois, desde sua concepção será responsável por manter o casamento dos pais, sendo impedida de desfrutar da inocência e confiança de uma infância tranquila. Essa tentativa é destinada ao fracasso, pois nenhuma criança é capaz de realizar essa missão hercúlea. Whitaker e Bumberry corroboram que "Tratar o bebê como um Cristo com a missão de salvar o casamento é ridículo. Tipicamente, termina numa dissociação mais profunda e em mais desespero".[157]

Compreendendo que a célula básica da família é o casal e que é necessário que tenham uma relação de harmonia e cumplicidade, talvez alguns se perguntem: "É somente isso?" Costumo dizer que essa é a premissa básica, depois seguem outros aspectos na relação com os filhos que são igualmente importantes para o desenvolvimento funcional deles. Para Bowen

> as famílias com filhos pequenos precisam dar espaço para novas adições, cooperar na criação dos filhos, evitar que o casamento seja soterrado pela paternidade [...]. Jovens mães e pais precisam atender às necessidades dos filhos de cuidado e controle — e trabalhar juntos como uma equipe.[158]

---

156 WHITAKER, C. e BUMBERRY, W.M. *Dançando com a família*. (Porto Alegre/RS: Artes Médicas, 1990): 141.
157 Ibid., pg. 142.
158 Citado em BOWEN, Murray, NICHOLS, Michael P e SCHWARTZ, Richard C. *Terapia familiar: conceitos e métodos*. (Porto Alegre/RS: Armed, 2007): 136.

A educação é trabalho conjunto, não é possível delegar uma responsabilidade que é de ambos. É preciso muito diálogo, muita negociação, para encarar a tarefa. Durante todo o processo educativo os pais precisam negociar suas ações e atitudes, os limites e as recompensas. Como vêm de contextos diferente, às vezes culturas diferentes, precisa haver uma negociação séria, pois cada família de origem tem seus próprios valores e isso interfere diretamente na forma como cada um vê a educação do filho.

Quando um bebê nasce surgem muitas demandas novas. O choro facilmente provoca ansiedade e até angústia nos pais de primeira viagem. Muitas vezes se afligem por não saber o que fazer, já que a criança não fala. Além disso, ela não vem com o manual de instruções. Quando eu era jovem, trabalhei como técnica em enfermagem em um grande hospital, sendo responsável pelo berçário dos recém-nascidos. Em algumas ocasiões havia mais de 30 bebês sob minha responsabilidade e das auxiliares. A unidade de tratamento intensivo era uma pequena sala, separada apenas por vidros, sendo os bebês atendidos pelos mesmos profissionais. Neste contexto aprendi rapidamente que quando um bebê chora em geral ele está bem, as crianças que preocupam são aquelas que não têm reação. Bebê não fala, portanto ele chora, costumo dizer que o choro do bebê é música. Para os jovens pais, é preciso aprender a lidar com sua própria ansiedade pois, quando um bebê foi amamentado, fraldas trocadas, não existe qualquer dor ou doença e ele chora, é importante deixá-lo chorar um pouco. A frustração e o limite são importantes desde as primeiras interações na família. É necessário que desde cedo a criança perceba que não pode mandar nos seus pais por meio do choro ou da birra, caso contrário ela usará esses artifícios ao longo de sua vida também nos outros contextos em que será inserida.

Logo surgem as primeiras interações entre os pais e o bebê. Desde muito cedo a criança percebe os rostos familiares de papai e mamãe, fazendo pequenos balbucios que são interpretados pelos pais. É importante que os pais tenham atenção concentrada no bebê, pois nas primeiras interações são formadas várias conexões neurais emocionais e intelectuais que serão base para o desenvolvimento ao longo da vida. São os pais que interpretam os balbucios, dando-lhes significado. Percebo que com o advento dos smartphones, em que o mundo está na palma da mão, algumas mães amamentam seus filhos olhando para o aparelho em vez de aproveitar esse momento único. Outras vezes vejo que pais colocam um celular com algum programa infantil na frente de crianças muito pequenas, às vezes bebês que ainda não sabem sentar-se corretamente, pois assim se distraem e vão abrindo a boca sem reclamação. Além disso o cuidador também pode desfrutar do seu celular, assim todos ficam satisfeitos, não é necessário "gastar tempo". Quantos momentos especiais se perdem, pois muitas vezes o que está longe é muito mais interessante do que quem está à sua frente. O aumento exagerado de crianças com vários transtornos, TEA, (transtorno de espectro autista) TOD (transtorno opositor) TDAH (transtorno de déficit de atenção, com ou sem hiperatividade), na minha concepção está intimamente ligado à falta de atenção concentrada e ao uso excessivo das tecnologias pelos pais e pelas crianças desde a mais tenra idade. Em 2023 o número de crianças com TAG (transtorno de ansiedade generalizada) superou o número de adultos ansiosos, e este fenômeno está intimamente ligado ao uso das tecnologias.[159] Essa ansiedade provoca vários obstáculos durante a vida, sendo perceptível nas amizades, na escola, e em praticamente todos os contextos em que a criança estará inserida.

Na medida em que a criança cresce, vão surgindo novos desafios na vida dos pais. Costumo dizer que educar um filho até a vida adulta para que se torne uma pessoa responsável, independente, segura e de boa autoestima, é tarefa árdua, porém extremamente gratificante.

Novamente ressalto que em todas as fases do desenvolvimento a educação dos filhos deverá ser feita de forma conjunta, ambos os pais se envolvendo, conversando sobre os desafios do dia a dia, além de não esquecer de investir na própria relação. É muito importante que a criança desde muito cedo tenha seu próprio quarto para dormir. Dormir é um instinto básico, e se a criança não sabe dormir sozinha, certamente terá dificuldade nas outras áreas de sua vida. Pode ser confortável deixar a criança dormir junto com os pais, muitos até compram camas maiores, a fim de que a família toda caiba no mesmo espaço. Contudo, essa ação que parece trazer maior conforto e comodidade em um primeiro momento, mostra-se um grande empecilho

159 MARIANI, Daniel; SOPRANA, Paula; PRETTO, Nicholas e FRANCO, Marcella Franco. "Registros de ansiedade entre crianças e jovens superam os de adultos pela 1ª vez no Brasil", in: *Folha de São Paulo*, 31 de maio de 2024. Disponível em: https://cutt.ly/ErsUGQNE (acesso em 04/04/2025).

para o pleno desenvolvimento da família. O casal perde seus momentos de privacidade e intimidade, envolvendo-se sobremaneira com os filhos, esquecendo-se de investir na dinâmica da cumplicidade e companheirismo.

Os pais também são responsáveis por proporcionar boas amizades para os filhos. É importante que os pais conheçam os amigos das crianças, convivam com elas, certifiquem-se de que esse amigo é boa influência, que ele não trará conteúdos indesejados para dentro da família. Infelizmente, muitas crianças entram em contato com violência, pornografia e outras temáticas ruins por meio dos amigos e colegas de escola que têm acesso a matéria imprópria. Por isso, nessa época de muita tecnologia, é imprescindível que os pais monitorem muito de perto tudo com que a criança e o adolescente entram em contato. Existem, por exemplo, vários sites de controle parental, que podem ajudar nesse processo.

Desenvolver a espiritualidade também é tarefa dos pais. Gosto muito do texto de Deuteronômio 6.7: *Ensine-as com persistência a seus filhos. Converse sobre elas quando estiver sentado em casa, quando estiver andando pelo caminho, quando se deitar e quando se levantar*. Falar sobre Deus, vivenciar uma vida reta perante Deus é responsabilidade inalienável dos pais. A igreja deve dar suporte, mas não é responsabilidade dela levar os filhos a conhecerem Deus. O texto fala na persistência, insistência, a todo momento, de dia e de noite. Não é uma opção de entretenimento para de vez em quando: é sempre. Vocês, pais, têm praticado e vivenciado essa realidade em suas famílias, ou as muitas distrações do dia a dia têm sido mais importantes do que a presença constante de Deus em suas vidas?

Para que a criança cresça com segurança é preciso que ela tenha limites claros, estes discutidos e negociados entre os pais. Não adianta o pai proibir e a mãe deixar ou vice-versa. Isso só gera confusão e discórdia, além de causar confusão na vida do menor. Gosto de entender os limites como as margens de um rio. Caso as margens sejam muito largas, haverá alagamentos causando estragos. Por outro lado, se as margens forem apertadas demais, elas não permitem que as águas fluam. Os limites também não deverão ser rígidos demais, nem largos demais, pois ambas as situações causam problemas. A criança precisa fazer suas próprias experiências, mesmo que algumas vezes isso gere algum tipo de frustração ou dor. Pais que protegem demais seus filhos, não permitindo que eles se machuquem, criarão filhos inseguros com baixa autoestima. É preciso que "ralem os joelhos", montem o "lego" de forma errada, tirem nota baixa na escola devido a algum "trabalho descuidado ou prova malfeita", "percam o jogo" nas brincadeiras, etc. Os pais não devem privá-los dessas experiências, pois a vida não irá privá-los de frustrações. Se não aprenderem a lidar com dificuldades em casa, onde existe um ambiente de amor e cuidado, terão muito mais dificuldade em lidar com as agruras da vida, muitas vezes desanimando e achando que a vida não é boa para ser vivida. A atitude dos pais perante as dificuldades que a vida lhes impõe também é determinante para a maneira pela qual os filhos irão reagir diante dos problemas que surgem. Pais reclamões e desanimados mostram para seus filhos que a vida não é boa, gerando insegurança.

Os pais também são responsáveis pelo desenvolvimento da responsabilidade e cuidado com a dinâmica do lar e da família. Desde muito cedo a criança deve executar pequenas tarefas, adequadas à idade, em casa. Há algum tempo atendi uma menina[160], a Fernanda, de 10 anos. Perguntei a ela em que ela ajudava em casa, a criança prontamente me respondeu: "Eu escovo meus dentes sozinha", eu insisti perguntando se ela arrumava seu quarto, guardava seus brinquedos, tirava seu prato da mesa, etc. Para todas as questões a resposta foi: "Não, a mamãe e o papai fazem tudo em casa, eles dizem que vai mais rápido, eu também não gosto de fazer". Em outra ocasião atendi uma família[161], com uma filha de 15 anos e um filho de 21. Os pais eram bem-sucedidos em suas profissões nas quais ambos trabalhavam o dia todo fora do lar. Ao chegar em casa a mãe executava todo trabalho doméstico, inclusive, para meu espanto, lavar roupas e tênis de seu filho de 21 anos, sujos de quando ele voltava do futebol. Confesso que fiquei chocada. Quando acontece este tipo de situação, os filhos não se sentem corresponsáveis pelo bem-estar da família. Criam um estilo de vida narcisista, alheios ao bem-estar de todos. Essas atitudes dificultarão as relações de trabalho, e as relações afetivas com seus pares. Estes jovens costumam ter muita dificuldade em deixar o lar, visto que recebem tudo, sem qualquer esforço. Dessa maneira vão ficando em casa, sendo nutridos eternamente, sem necessidade de empenho algum.

160 Nomes fictícios e dados alterados a fim de preservar o anonimato.
161 Dados alterados a fim de preservar o anonimato.

Quando os filhos chegam à adolescência, os pais deverão ajudá-los no processo de diferenciação da família de origem. Sim, é importante que eles façam exercícios para serem diferentes de seus pais. Quando não acontece essa diferenciação, existe uma grande possibilidade de acontecer uma fusão familiar, na qual os pais continuam interferindo na vida do filho quando ele se torna adulto e passa a ter vida independente. É importante que os pais incentivem a independência, mas mantenham os laços fraternos. Para Bowen

> pessoas indiferenciadas são facilmente levadas pela emotividade. [...] já a pessoa diferenciada é capaz de assumir uma posição em qualquer assunto, pois pode refletir sobre as coisas, decidir no que acredita e, então, agir em função dessas crenças.[162]

Nessa fase os pais devem incentivar que o adolescente exprima sua opinião, que aprenda a desenvolver argumentos para sua tese, ouvindo e debatendo, respeitando a posição do jovem, mesmo não concordando. Pais que impõe seus argumentos sem ouvir, podem estar enfraquecendo a opinião do filho diante de seus pares, tornando-o facilmente manipulável. Pais e mães: invistam em uma comunicação franca e aberta com seus filhos, corrijam em amor quando necessário, para que o adolescente possa ser lançado ao mundo com segurança.

Para Bowen, "quanto maior a fusão emocional entre pais e filhos, maior é a probabilidade de rompimento".[163] Isso acontece porque a proximidade excessiva, causa muita ansiedade, por isso muitos jovens preferem viver longe dos pais, achando que isso se caracteriza como maturidade. No entanto o contrário é verdadeiro. Quando um jovem percebe que pode ser diferente de pai e mãe, ele terá liberdade de procurá-los quando sentir vontade. É importante lembrar que "lançar os filhos ao mundo" é um processo lento, inicia-se na infância e completa-se quando o jovem está apto para sair de casa, com ou sem um parceiro. Os pais deverão negociar entre si de que forma devem proceder a cada novo desafio que surge, não cedendo à liberdade exagerada e inconsequente, mas precisarão conduzi-lo à maturidade, levando o jovem a assumir a responsabilidade por seus atos.

162 BOWEN, NICHOLS e SCHWARTZ, *Terapia familiar: conceitos e métodos*, p. 129

163 Ibid, p. 134.

Penso que Maria e José foram exemplos de pais responsáveis e amorosos, eles colocavam limites, mas permitiam que seu filho Jesus fizesse suas próprias experiências, além de falar de seus sentimentos. Isso fica evidente no Evangelho de Lucas quando Jesus ficou no templo de Jerusalém conversando com os doutores da lei:

> *Quando seus pais o viram, ficaram perplexos. Sua mãe lhe disse: "Filho, por que você nos fez isto? Seu pai e eu estávamos aflitos, à sua procura". Ele perguntou: "Por que vocês estavam me procurando? Não sabiam que eu devia estar na casa de meu Pai?" Mas eles não compreenderam o que lhes dizia. Então foi com eles para Nazaré, e era-lhes obediente. Sua mãe, porém, guardava todas essas coisas em seu coração.* (Lc 2.48-51)

Com certeza essa foi a melhor família de todos os tempos, esse casal sabia equilibrar limites com liberdade, sabiam falar de seus sentimentos, sem gritos e reprovações, também faziam a educação em conjunto, pai e mãe corresponsáveis por levar o filho à vida adulta. Essa é uma prática que todos os pais devem exercer: falar abertamente de seus sentimentos, de seus medos e ansiedades e incentivar seus filhos a fazerem o mesmo.

Para muitos, certamente a tarefa de educar um filho até a vida adulta traz apreensão e ansiedade. Aqui discorremos sobre alguns aspectos envolvidos no processo, muitos outros aparecerão, nos quais os pais não saberão como agir. Para estes momentos deixo a palavra de Tiago: *Se algum de vocês tem falta de sabedoria, peça-a a Deus, que a todos dá livremente, de boa vontade; e lhe será concedida* (Tg 1.5). Somente Deus poderá dar toda a instrução e sabedoria necessárias para as diferentes situações que surgirem. Pais: busquem Deus diariamente para que obtenham a sabedoria necessária nesta aventura maravilhosa da paternidade.

# 9

# MUTUALIDADE: A COMUNICAÇÃO COMO BASE DO CASAMENTO

*Roseli M. Kühnrich de Oliveira*[164]

*Aproveitem ao máximo cada oportunidade e sejam agradáveis no falar. O objetivo é aproveitar bem a conversa e o diálogo e não derrotar a pessoa num debate.*
(Cl 4.6 — A Mensagem)

O ciclo de vida familiar inicia-se quando duas pessoas decidem ter uma vida compartilhada, em comum, conjugal. A palavra conjugal é muito simbólica pois deriva de "jugo" que é um artefato de madeira que se usa para unir dois bois de uma junta, para que lavrem a terra.

Casais desde sempre tiveram e têm que lidar com as dificuldades de se fazer entender e entender o outro.

Muito já aprendemos sobre a teoria da comunicação, sobre quem emite a mensagem (emissor), quem recebe (receptor) e os meios que se utiliza para fazer a mensagem sair e chegar. Graficamente é um esquema muito simples, mas na prática, os consultórios de psicólogos, terapeutas familiares

164 Psicóloga, terapeuta familiar, especialista em terapia familiar e de casais, mestre em Teologia, professora, palestrante e escritora. Trabalha com atualização e educação continuada. Coorienta Retiros de Espiritualidade *Renovatium*.

e gabinetes pastorais andam lotados de pessoas em busca de auxílio, pois há ruídos e interpolações na comunicação.

> Ao estudar a família do ponto de vista sistêmico, observa-se que seus componentes agem e interagem a partir de valores, crenças e mitos nem sempre explicitados, mas presentes. Na perspectiva sistêmica a família é o resultado da somatória de seus personagens, ou seja, cada pessoa contribui com o sistema familiar. Um sistema é composto por vários elementos, que se influenciam mutuamente, como se fosse uma engrenagem. Mesmo pessoas distantes ou falecidas, deixam sua marca na família e o distanciamento geográfico ou temporal não diminui conflitos ou afetos. Os vínculos afetivos, os sentimentos, a história da família como herança do passado se interpõem no presente e remetem ao futuro.[165]

## Comunicação e comunhão

A cultura ocidental se gaba de ser altamente comunicativa. Palavras jorram a cada dia de inúmeros instrumentos de comunicação, escrita, falada, ouvida, assistida... as redes sociais chegaram para ficar. Mas seria essa a verdadeira comunicação? A origem do termo, *comunicare*, tornar comum, compartilhar, nem sempre é contemplada. Contudo, o quanto sabemos de uma pessoa ou assunto, não necessariamente nos leva a admiração.

> Frequentemente quando descobrimos o que uma pessoa tem a dizer, gostamos menos dela, e não mais [...] O dom das palavras é para a comunhão. Comunhão, do grego *koinonia*, é uma participação conjunta. Isso requer o dom da revelação — deixar um pedaço de mim exposto, neste mistério de quem sou.[166]

## *O amor nunca deixa de ser...* (1Co 13. 8 — Reina Valera)

Sabemos que há muitas maneiras de comunicar algo, e até mesmo o silêncio é uma forma de comunicação. Assim temos a comunicação visual, facial, gestual, a fala, a escrita, e dependendo da cultura, há similaridades e diferenças na interpretação dos sinais visuais, auditivos ou escritos. Todo comportamento, ação e atitude está comunicando algo.

---

165 OLIVEIRA, Roseli, in: BRUSTOLIN, Antonio (Org.). *Família: novos horizontes.* (São Leopoldo/RS: Est, 2008): 33.

166 PETERSON, Eugene H. *Um ano com Jesus: Meditações diárias.* (Viçosa/MG: Ultimato, 2015.)

Entre o casal, a primeira linguagem romântica muitas vezes é o olhar, o toque. Entretanto, conforme se desvela a relação, as pessoas se dão a conhecer, e a intimidade existencial, que vai além da intimidade física, pode acontecer ou não. O desvelar-se, ou se desnudar, implica se mostrar como se é. Um trecho do livro *A alma imoral* retrata bem essa questão:

> Toda a compreensão que temos dos outros deriva de nós mesmos. Quando nos identificamos com alguém significa que encontramos em nós mesmos elementos semelhantes ao outro.[167]

Dentro desta construção chamada família, e em especial entre o casal, é inevitável que surjam conflitos. Segundo Greisy Vasquez, o conflito é inerente às interações humanas, em especial, à conjugalidade: "A forma como casais lidam com conflitos é fundamental para a saúde emocional da relação. Pode fazer a diferença entre a estabilidade, por um lado, e a dissolução das uniões, pelo outro".[168]

Por conseguinte,

> Para haver uma resolução de conflito é necessária uma disposição. Primeiramente, aceitar sua existência (pois muitos negam e perpetuam). Depois, busca-se uma nova construção, onde todos ganham.
>
> No geral, as pessoas entendem que "se o outro ganhar esta questão, eu é que saio perdendo". Precisamos estar atentos para o fato que, quando ocorrem disputas dilacerantes, todos perdem. Já nas mediações e busca de solução pela paz, há uma construção nova, onde todos podem ganhar.
>
> Na perspectiva do pensamento sistêmico, entende-se que, quando um dos elementos é alterado, todo o sistema sofre alterações. Assim sendo, o diálogo e a comunicação assertiva auxiliam para que emerja uma solução para aquele conflito. Trata-se de algo novo, que pode gerar soluções claras [...] ajudando os envolvidos a se acalmar com a possibilidade de serem ouvidos e entendidos. De certa forma, é se "tornar existente". A maioria se queixa que são "como que invisíveis" ou não levados em conta.
>
> É importante detectar o que origina o conflito. A raiz da questão pode ser a falta de diálogo, de intimidade ou ainda falta de tempo e de lazer. Podem ser ainda dificuldades na sexualidade ou nas famílias de origem. Outros motivos comuns são: o mau uso (ou a falta) do dinheiro, maus hábitos inclusive de higiene e saúde, ciúmes etc.

---

167 BONDER, Nílton. *A Alma Imoral: Traição e tradição através dos tempos.* (Rio de Janeiro/RJ: Editora Rocco, 1998.)

168 Dissertação de mestrado onde se enfoca a conjugalidade como forma de viver a dois. Veja em VASQUEZ, Greisy Gonzáles. *Estratégias de resolução de conflito conjugal entre casais: semelhanças e diferenças*. Dissertação (Mestrado em Psicologia Clínica e Cultura). (Brasília/DF: Universidade de Brasília, 2014): xii, 179 f.

> Podem ser questões como a educação dos filhos, o modo de dirigir, divergências políticas e de gostos e interesses, infidelidade, mentiras [...] Enfim, a lista é enorme![169]

Quando não há desejo de vencer, mas de se entender, ambos ganham.

Um casamento bem-sucedido inclui bom humor, generosidade e comprometimento.

A paixão pode ou não ser o início de um relacionamento afetivo, mas a atração mútua não acontece apenas pelo viés da sexualidade ou atração física. Interesses podem ser compartilhados, além do lazer, esportes, religião, aprendizagem (dança, canto, instrumentos, idioma, trabalhos manuais, etc.) conjunta ou voluntariado social.

Qualquer relacionamento humano requer acordos. Quanto mais explícitos, melhor. Sempre haverá divergências, seja na forma de cortar cebolas, seja no jeito de dirigir ou lavar a louça. Cada pessoa tem seu jeito de fazer determinadas atividades. Mas cada um quer que o outro pense e faça as coisas do SEU modo. O casamento, como se sabe, não é uma questão de lógica, mas de vida em comum.

## Expectativas e ilusões

> Todos temos expectativas. Criamos expectativas que depositamos em outras pessoas. Fazendo uma paráfrase, "a expectativa é a razão de todos os males". Existe dentro de nós um Reino pesadamente defendido: o Reino do Eu. Nosso egocentrismo nos leva a desejar e a esperar que outro cumpra ou satisfaça o nosso Eu.
> Sua expectativa não é, necessariamente, a mesma da família ou do casal. A expectativa dele ou dela acabam sendo, muitas vezes, antagônicas. Isso não significa que é certo ou errado. Pois pode haver mais de um ponto de vista sobre um mesmo fenômeno. Podemos desafiar, propondo: "Coloque-se no lugar do outro e tente outro ângulo de visão".
> Busca-se centrar na capacidade de cada ser humano em dialogar e construir uma nova tessitura, buscar um caminho pelo diálogo e estudar as opções de forma menos passional, deixando entrever possibilidades anteriormente não existentes. Ou seja, a resolução de conflitos foca no que ainda não existe, mas pode vir a ser.

169 OLIVEIRA, Roseli M. Kühnrich, *"Desafios e Possibilidades no Aconselhamento a Casais e Famílias"*, cap. 5, in: HEIMANN, Thomas e OLIVEIRA, Roseli M. Kühnrich. *Tópicos Especiais em Psicologia e Teologia*. (Canoas/RS: Universidade Luterana do Brasil, 2016.)

> Em uma linguagem mais evangélica, equivale a dizer que é uma obra de fé (....) As pessoas são convidadas a olhar para o que está acontecendo tendo em vista um novo horizonte, de busca de uma solução exequível e possível.[170]

## Os conflitos no casamento

Ao contrário do que se pensa, um casal alinhado e parceiro tem e terá conflitos.

Pessoas criadas em ambientes diferentes, com culturas familiares diversas, certamente não concordarão em tudo, o que não é necessariamente ruim.

Jacques e Claire Pujol defendem a ideia de que há um potencial criativo no conflito no casamento. Estes autores relembram que uma boa comunicação não conseguirá evitar, sozinha, o surgimento de conflitos e tormentas, mas pode impedir que as tempestades sejam devastadoras. O bom diálogo propicia que a pessoa fale de si mesma, sobre suas frustrações profundas, ou seja, é um expor-se e abrir-se a escuta. Saber ser é mais do que saber fazer.

> Uma comunicação ruim se caracteriza por quatro atitudes [...] que são: comandar o parceiro, ameaçá-lo, desvalorizá-lo e culpá-lo. Estes comportamentos falam sobre o outro e não com o outro. Eles muitas vezes dizem respeito ao passado ou ao futuro, raramente ao presente. [...] a intenção de Deus com o casamento é de que dois seres diferentes vivam juntos, não em uma fusão indiferenciada, mas guardando cada um sua personalidade distinta. Ou seja, sonhar com um entendimento contínuo é utopia.[171]

Um casal em conflito, lutando para se fazer entender, muitas vezes vai defender seu ponto de vista, fechando-se a escutar o que o outro diz. E não raramente estão brigando pelas mesmas coisas sem se dar conta.

O desejo de ser amado é legítimo, contudo, a infantilidade pode levar a atitudes egoístas, com exigências e manipulações, em que se tenta fazer prevalecer seu ponto de vista, seja pela coerção ou pela força.

A assertividade na comunicação é uma aprendizagem e uma vez aprendida pode ser praticada em todo tipo de relacionamento que pretende ser não agressivo ou violento.

---

170 Ibid.

171 POUJOL, Jacques e Claire. *O potencial criativo do conflito no casamento.* (São Paulo/SP: Vida, 2004.)

Assertividade significa dizer as coisas como elas são, sem paixão ou manipulação. É ser direto sem ser rude, explicando com clareza seu ponto de vista, sem inferências e suposições sobre as razões do outro.

Para que haja comunhão, é necessário dizer a verdade em amor e, por outro lado, demonstrar amor na escuta.

Pessoas diferentes, criadas em contextos e culturas diferentes, por mais que se amem, terão que buscar uma forma de atravessar esse "deserto". Mas não há mapas: por mais que já se tenha escrito e pensado no assunto, cada casal começa do ponto zero sua própria jornada.[172]

Nesse sentido, a terapia produz um ganho efetivo, no conhecer-se a si mesmo, suas buscas e frustrações.

Conforme Merleau-Ponty, é necessário compreender não apenas os diversos ângulos de visão, mas também como eles se modificam à medida que as perspectivas são alteradas através do deslocamento do indivíduo.[173]

O reconhecido teórico contemporâneo da comunicação, Paul Watzlawick alertou para o fato de que a comunicação bem-sucedida era fundamental para entender e melhorar as relações humanas, principalmente nas famílias. Ela ocorre quando as pessoas conseguem sintonizar os temas e os tons com os quais estão falando.

Segundo ele, "A crença de que a própria visão da realidade é a única realidade é a mais perigosa de todas as ilusões".[174]

A grande dificuldade para alcançar uma mutualidade na comunicação é justamente reconhecer outras perspectivas. Para validar um ângulo diferente do seu, é preciso treinar A ESCUTA, ampliando a abertura no horizonte das possibilidades. Quando a pessoa confunde a sua visão de mundo com o mundo em si, está mantendo sua rigidez cognitiva.

Watzlawick aponta que a comunicação falha, basicamente, quando as pessoas não conseguem se afastar de seu próprio ponto de vista. Nesse caso, rompe-se a escuta e fica impossível abrir caminho para o entendimento.[175]

172 MUNGUBA, Amauri e Layla. "Parceria conjugal", in: PETERSON, *Um ano com Jesus*.
173 MERLEAU-PONTY. *Fenomenologia da Percepção*. (São Paulo/SP: Martins Fontes, 1976): 103.
174 WATZLAWICK, Paul. *A Realidade É Real?* (Lisboa/PT: Relógio d'Água, 1991.)
175 GONZÁLEZ, Sergio de Dios. "A comunicação bem-sucedida segundo Paul Watzlawick", in: A mente é maravilhosa, 02 de maio de 2020. Disponível em: https://cutt.ly/GrsPD5Cg (acesso em 04/04/2025.)

Contudo, algo novo pode surgir do conflito, quando o casal se dispõe a encarar a questão. A mutualidade se instala quando há interesse na continuidade da relação, quando o "nós" se torna tão importante quanto o "eu". Para alguns casais, quando há uma demanda, muitas vezes se aciona o "modo inimigo", que é quando o/a cônjuge deixa de ser a pessoa amada e passa a ser o oponente a quem se deve subjugar. Como já escreveu Rubem Alves, o jogo do frescobol é para a diversão mútua, diferente do Tênis, no qual o objetivo é apenas um ser o vencedor.[176]

## *Duas pessoas andarão juntas se não estiverem de acordo?* (Am 3.3)

Fazer acordos é fundamental para diminuir os pontos de atrito. Para haver acordos é preciso exercitar a negociação, de "cabeça fria" e não no ardor de um conflito. Todos os casais têm seus embates, o que faz diferença é a forma de tornar a discussão produtiva, visando um acordo, ou destrutiva, porque só produz desconforto e amargura.

A família pode ser comparada a uma casa, que necessita ser construída para que sirva de abrigo. Contudo, de tempos em tempos necessita reformas e reparos. A manutenção preventiva requer estar atento aos desgastes inerentes ao viver comum. Já as reformas e reparos nos lembram que a vida vai nos modificando como pessoas que vão envelhecendo. Também como famílias, vamos passando por etapas.

O ajuste de cada novo casal se dá na medida em que as pessoas envolvidas passam a viver e a sentir a subjetividade do outro, e tentar superar os descompassos. Ou seja, há uma atitude de ajuste, de interpretação e avaliação de si e do outro que é dinâmica, ativa. Cada conversa, cada discussão, cada passeio, em cada sonho relatado acontecem trocas subjetivas.

176 Citado em WAGNER, Adriana (Org). *Viver a dois, Programa Educativo para Casais.* (São Leopoldo/RS: Sinodal, 2015.)

# Mutualidade

Então, no que consiste a mutualidade? É dar e receber, é reciprocidade, troca. Pode-se usar de mutualidade em diferentes relacionamentos. Mesmo em empresas.

> Na visão sistêmica, a formação da conjugalidade é um processo contínuo, que desemboca no que chamamos uma relação afetiva estável. Cada parceiro/a, ao se engajar na relação a dois, reconstrói sua realidade individual, ao mesmo tempo em que participa da construção de uma realidade em comum.
> Essa última é tecida a partir de trocas verbais e não verbais entre os companheiros, inseridas em um universo social de significado. Nesse processo, o casal constrói uma identidade conjugal e uma história em comum. As ações de cada um dos cônjuges afetam um ao outro, reciprocamente. [177]

> Entendendo a conjugalidade exatamente como um exercício muito íntimo da mutualidade, em que se pretende dar continuidade e qualidade ao relacionamento, criam-se a possibilidades resolutivas de conflitos.
> Para construir uma forma saudável de comunicação é necessário aprender a ser assertivo nas falas.
> Por assertividade entende-se que é falar diretamente, mas sem ser passional. Muitas vezes requer treino. Um bom exemplo é pedir: "Fale a partir de si mesmo, como você se sente com isso". Ou ainda: "Não infira", não suponha que ele ou ela... Em vez de afirmar, pergunte![178]

A "doação da intimidade" gera comunhão!

A intimidade é a palavra que se gera no silêncio (antes de falar), no olhar. Sem intimidade não há fala amorosa. O vínculo se estabelece não só com a palavra, mas com o agir juntos. O texto bíblico "uma só carne", remete a comunhão. A ternura e seu suporte biológico, o lugar onde as emoções são geradas (carne, coração, não na mente). Que "Grande mistério!"[179]

---

177 VASQUEZ, *Estratégias de resolução de conflito conjugal entre casais*, xii, 179 f.

178 LIVEIRA, *"Desafios e Possibilidades no Aconselhamento a Casais e Famílias"*, in: HEIMANN e OLIVEIRA. *Tópicos Especiais em Psicologia e Teologia*.

179 PETERSON, *Um ano com Jesus*.

# UM AMOR CHAMADO A EXISTIR!

*Clarice Ebert*

Admiração, coragem e aproximação.
Amizade e acolhimento.
Partilha de experiências, memórias, dores e alegrias, ideias e crenças.

Sensibilidade.
Atração e romance.
Luz entrando na janela.
Flores surgindo em novas cores.
Chuva e sol em novos sentidos.

Coração aberto e sorrisos iluminados.
Desejo ativado e pele arrepiada.
Despertar de nova vida.

Impossíveis encontrando seus possíveis.

Encontro.
União e aliança.
Rendição ao vínculo:
de um com o outro, de um ao outro e de um no outro.

Presença no olhar e no toque.
Conexão e ligação.
Paixão e amor.
Entrega e doação.

Diferenças, imperfeições e insuficiências.
Aceitação e harmonização.

Mutualidade.
Junção, confluência e sinergia.
Intimidade, comunhão e cura.

Parceiros e amantes.
Palavras curativas.
Abraços, beijos, carinhos e carícias.
Ternura no toque da alma e da pele.

A vida em cores e sabores celestiais.
A terra habitada pelo céu.
Alma saciada.

Um amor chamado a existir por Deus!
Uma experiência sublime de transformação e vida plena!

# BIBLIOGRAFIA

ALLEN, Prudence. *The Concept of Woman: The Aristotelian Revolution 750 B.C.–A.D. 1250*. 2a ed. (Grand Rapids/MI; Cambridge/UK: William B. Eerdmans Publishing Company, 1997.)

ANDOLFI, M. (Org.). *A crise do Casal.* (Porto Alegre/RS: Artes Médicas, 2002.)

ANTON, Iara Camaratta. *Homem e Mulher: seus vínculos secretos.* (Porto Alegre/RS: Artmed, 2001.)

ARISTÓTELES: *Política.* Coleção Filosofia, Edição Kindle. (São Paulo/SP: Lebooks Editora, 2019.)

ARMOUR, Robert A. *Gods and myths of ancient egypt.* (Cairo/EG: American University in Cairo Press, 1986.)

BARR, Beth Allison. *A construção da feminilidade bíblica: como a submissão das mulheres se tornou a verdade do evangelho*. Ed. Kindle. (Rio de Janeiro/RJ: Thomas Nelson Brasil, 2022.)

BEAUVOIR, Simone. *O Segundo Sexo.* Vol I. (Rio de Janeiro/RJ: Nova Fronteira, 1980.)

BENDROTH, Margaret. *Fundamentalism and Gender, 1875 to the Present* (New Haven/CT: Yale University Press, 1993.)

BIRJUKOV, Dmitry. "Hierarchies of Beings in the Patristic Thought: Gregory of Nyssa and Dionysius the Areopagite", in: *The Ways of Byzantine Philosophy.* Mikonja Knežević, ed. (Alhambra/CA: Sebastian Press, 2015.)

BONDER, Nílton. *A Alma Imoral: Traição e tradição através dos tempos.* (Rio de Janeiro/RJ: Editora Rocco, 1998.)

BOWEN, Murray, NICHOLS, Michael P e SCHWARTZ, Richard C. *Terapia familiar: conceitos e métodos.* (Porto Alegre/RS: Armed, 2007.)

BRUSTOLIN, Antonio (Org.). *Família: novos horizontes.* (São Leopoldo/RS: Est, 2008.)

CARTER, Betty; McGOLDRICK, Monica e cols. *As mudanças no Ciclo de Vida Familiar.* (Porto Alegre/RS: Artes Médicas, 1994; 2011.)

CARTER, Steven. *Como fazer o amor dar certo.* (Rio de Janeiro/RJ: Sextante, 2011)

CHAVES, Irenio Silveira. "O que é inteligência espiritual?", in: *Filosofia Espiritualidade Psicanálise*, 28 de novembro de 2008. Disponível em: https://cutt.ly/FrszJmmV (acesso em 03/04/2025).

CIGOLI, Vittorio. "O pacto conjugal: pacto expresso e pacto secreto", in: ANDOLFI, M. (Org.). *A crise do Casal.* (Porto Alegre/RS: Artes Médicas, 2002.)

CLARK, R.T. Rundle. *Myth and Symbol in Ancient Egypt.* (Londres/UK: Thames and Hudson, 1991.)

CONWAY, Mary L., "Gender in Creation and Fall: Genesis 1–3", in: PIERCE, Ronald W. e WESTFALL, Cynthia Long. *Discovering Biblical Equality: Biblical, Theological, Cultural & Practical Perspectives*, 3ª ed. (Downers Grove/IL: IVP Academic, 2021.)

CRAIG, William Lane e COPAN, Paul. *Creation Out of Nothing: A Biblical, Philosophical and Scientific Exploration.* (Grand Rapids/MI: Baker Academic, 2004.)

CURRID, John D. *Against the Gods: The Polemical Theology of the Old Testament.* (Wheaton/IL: Crossway, 2013.)

ÇUSCOMBE, D. E., «Hierarchy», in: *The Cambridge Companion to Medieval Philosophy,* A. S. McGrade ed. (Cambridge/UK: Cambridge University Press, 2003.)

DABNEY, Robert L. *A Defence of Virginia, and through Her, of the South, in Recent and Pending Contests against the Sectional Party* (Nova York/NY: E. J. Hale & Son, 1867.)

________. *Discussions by Robert Lewis Dabney: Secular*, ed. C. R. Vaughan, vol. 4 (Cidade do México/MX: Crescent Book House, 1897.)

DEVER, Mark, "Young vs. Old Complementarians", in: *Journal for Biblical Manhood and Womanhood* 13, no. 1 (2008).

DIRMANN, Jerry. "Mulheres no ministério de liderança", in: *Foursquare*, 30 de janeiro de 2020. Disponível em: https://cutt.ly/srputwfo (acesso em 24/03/2025).

DOMINGUES, Gleyds Silva. *Visão de mundo e a lente bíblica para ler a realidade* (Curitiba/PR: Discipular, 2021.)

DUMONT, Louis. *Homo Hierarchicus: The Caste System and Its Implications.* 2ª ed. (Chicago/IL: University of Chicago Press, 1981.)

DUNCAN, J. Ligon, "Why 'Together for the Gospel' Embraces Complementarianism", in: *Journal for Biblical Manhood and Womanhood* 13, no. 1 (2008).

EBERT, Clarice. "Reflexões teológicas sobre o papel da mulher", in: NEGRI, Juliana (org.). *Mulheres que cuidam.* (Rio de Janeiro/RJ: Thomas Nelson Brasil, 2023.)

ELLIOT, Elisabeth. "The Essence of Femininity: A Personal Perspective", in: *Recovering Biblical Manhood & Womanhood: A Response to Evangelical Feminism*, ed. John Piper and Wayne Grudem (Wheaton/IL: Crossway, 2006.)

FORMIGARI, Lia. "Chain of Being", in: *Dictionary of the History of Ideas*, vol 1., Philip P. Weiner, ed. (Nova York/NY: Charles Scribner's Sons, 1973.)

FORTESCUE, Sir John. *Works.* Volume 1, Lord Clermont, ed. (Londres/UK, 1869.)

FRANCO, Sérgio. Prefácio, in: HERNANDES, Carlos José. *Uma viagem ao coração de si mesmo.* (Curitiba/PR: Corpo de Psicólogos e Psiquiatras Cristãos, 1999.)

FRIESEN, Albert; OLIVEIRA, Roseli M. Kühnrich de, e GRZYBOWSKI Carlos "Catito". *De bênçãos e traições, as histórias de Abraão, Isaque Jacó e José.* (Curitiba/PR: Esperança, 2023.)

GAULEJAC, Vincent de. *Gestão como doença social.* (São Paulo/SP: Ideias & Letras, 2007.)

GILSON, Étienne. *The Philosophy of St. Thomas Aquinas.* (St. Louis/MO: B. Herder Book Co., 1924.)

GONZÁLEZ, Sergio de Dios. "A comunicação bem-sucedida segundo Paul Watzlawick", in: *A mente é maravilhosa*, 02 de maio de 2020. Disponível em: https://cutt.ly/GrsPD5Cg (acesso em 04/04/2025.)

GRUDEM, Wayne. "The Key Issues in the Manhood-Womanhood Controversy, and the Way Forward", in: *Biblical Foundations for Manhood and Womanhood*, ed. Wayne A. Grudem, Foundations for the Family Series (Wheaton/IL: Crossway Books, 2002.)

________. *O feminismo evangélico.* Ed. Kindle (São Paulo/SP: Cultura Cristã, 2009.)

GRZYBOWSKI, Carlos Catito. *Como se livrar de um mau casamento: construindo um relacionamento significativo.* (Viçosa/MG: Ultimato 2004.)

GUGGENBÜHL-GRAIG, A. *O casamento está morto, viva o Casamento.* (São Paulo/SP: Edições Símbolo, 1980.)

HACKNEY-NYE. *Aconselhamento, Estratégias e Objetivos.* (São Paulo/SP: EPU, 1997.)

HALLEY, Jay. *A Terapia Não Convencional.* (São Paulo/SP: Editora Summus, 1991.)

HAMILTON, Victor P., "The Book of Genesis, Chapters 1–17", in: *The New International Commentary on the Old Testament.* (Grand Rapids/MI: Wm. B. Eerdmans Publishing Co., 1990.)

HARRIS, R. Laird, ARCHER JR, Gleason L. e WALTKE, Bruce K. *Theological Wordbook of the Old Testament.* (Chicago/IL: Moody Press, 1999.)

HASEL, Gerhard F., "The Polemical Nature of the Genesis Cosmology", in: *The Evangelical Quarterly*, Vol. XLVI No.2. April-June 1974, 89.

HEIMANN, Thomas e OLIVEIRA, Roseli M. Kühnrich. *Tópicos Especiais em Psicologia e Teologia.* (Canoas/RS: Universidade Luterana do Brasil, 2016.)

HENRY, Michel. *La Esencia de la Manifestación.* (Salamanca/ES: Sígueme, 2015.)

HERNÁNDEZ, Carlos José. *Uma viagem ao coração de si mesmo: guia de leitura bíblica.* (Curitiba/PR: Corpo de Psicólogos e Psiquiatras Cristãos, 1999.)

________. *Algunas conjeturas sobre la narrativa del Génesis*, texto não publicado, 2017.

JONES, Peter. *A Ameaça pagã: velhas heresias para uma nova era* (São Paulo/SP: Cultura Cristã, 2002.)

________ (org.). *Bruxaria global: técnicas da espiritualidade pagã e a resposta cristã* (São Paulo/SP: Cultura Cristã, 2011.)

JORDAN, Winthrop D. Jordan. *The White Man's Burden: The historical origins of racism in the United States.* Ed. Kindle. (Nova York/NY: Oxford University Press, 1974.)

________. *White Over Black: American Attitudes toward the Negro, 1550-1812.* (Omohundro Institute of Early American History and Culture and the University of North Carolina Press.)

KAMRIN, Janice. *The Cosmos of Khnumhotep II at Beni Hasan.* (Londres/UK and Nova York/NY: Kegan Paul International, 1999.)

KOHL, Manfred Waldemar e BARRO, Antonio Carlos. *Aconselhamento cristão transformador.* (Londrina/PR: Descoberta, 2006.)

LIFTIN, A. Duane. "Feminismo Evangélico: Por que os Tradicionalistas o Rejeitam", in: *Bibliotheca Sacra*, vol. 136, julho de 1979. Disponível em: https://cutt.ly/vrpNAQ3g (acesso em 27/03/2025).

LOVEJOY, Arthur O. *A grande cadeia do ser: um estudo da história de uma ideia*. (São Paulo/SP: Editora Palíndromo, 2005.)

MADAMÉS, Cloé e MADAMÉS, Claudio. *O significado secreto do dinheiro.* (Campinas/SP: Editorial Psy, 1997.)

MAGEE, Bruce R., "The three estates and their potential vices", in: *Course notes for English 201*, Louisiana State University, 2008.

MALDONADO, Jorge. *Comunicação Conjugal e Familiar.* (Curitiba/PR: EIRENE do Brasil, 1989.)

MANNING, Brennan. *Meditações para maltrapilhos.* (São Paulo/SP: Mundo Cristão, 2008.)

MANUAL DA IGREJA DO NAZARENO. (Indianápolis/IN: Nazalivros, 2023.)

MARION, Jean Luc. *Siendo Dado*. (Madrid/ES: Editorial Síntesis, 2000.)

MARIANI, Daniel; SOPRANA, Paula; PRETTO, Nicholas e FRANCO, Marcella Franco. "Registros de ansiedade entre crianças e jovens superam os de adultos pela 1ª vez no Brasil", in: *Folha de São Paulo*, 31 de maio de 2024. Disponível em: https://cutt.ly/ErsUGQNE (acesso em 04/04/2025).

MERLEAU-PONTY. *Fenomenologia da Percepção.* (São Paulo/SP: Martins Fontes, 1976.)

MEZ, Kristen Kobes Du. *Jesus e John Wayne: como o evangelho foi cooptado por movimentos culturais e políticos.* (Rio de Janeiro/RJ: Thomas Nelson, 2022.)

MILLER, Johnny V. e SODEN, John M. *In the Beginning ... We Misunderstood: Interpreting Genesis 1 in Its Original Context.* (Grand Rapids, MI: Kregel Publications, 2012.)

MILTON, John, *Paradise Lost in English Minor Poems*; Paradise Lost; Samson Agonistes; Areopagitica, ed. Mortimer J. Adler e Philip W. Goetz, 2ª ed., vol. 29, Great Books of the Western World (Chicago/IL: Encyclopædia Britannica, Inc.; Robert P. Gwinn, 1990.)

MINUCHIN, Salvador. *Famílias: funcionamento e tratamento.* (Porto Alegre/RS: Artes Médicas, 1982.)

MUNGUBA, Amauri e Layla, "Parceria conjugal", in: PETERSON, *Um ano com Jesus, Meditações diárias na Palavra*. (Viçosa/MG: Ultimato, 2008.)

MYATT, Alan Doyle. "Resgatando a Bíblia da hierarquia", in: *Conferência da CBE International, Mulheres e as Escrituras: resgatando a visão bíblica* (São Paulo, 20 de julho de 2023). Disponível em: https://cutt.ly/aroS-8WVC (acesso em 21/03/2025).

________. "Hierarchy and the Biblical Worldview", in: *Priscilla Papers*. v. 38, n. 2, (Christians for Biblical Equality, Primavera 2024.) Disponível em: https://cutt.ly/hrpubDjS (site em inglês, acesso em 24/03/2025).

MYATT, Alan e FERREIRA, Franklin. *Teologia sistemática: uma análise histórica, bíblica e apologética para o contexto atual.* (São Paulo/SP: Vida Nova, 2008.)

NEGRI, Juliana (org.). *Mulheres que cuidam*. (Rio de Janeiro/RJ: Thomas Nelson Brasil, 2023.)

NEWMAN, Janet e CLARKE, John. *Gerencialismo*. Educ. Real., Porto Alegre, v. 37, n. 2, p. 353-381, maio/ago. 2012, p. 359. Disponível em: https://cutt.ly/Orp0jCGH (acesso em 27/03/2025).

OLIVEIRA, Roseli M. Kühnrich de, "Desafios e Possibilidades no Aconselhamento a Casais e Famílias", cap. 5, in: HEIMANN, Thomas e OLIVEIRA, Roseli M. Kühnrich. *Tópicos Especiais em Psicologia e Teologia*. (Canoas/RS: Universidade Luterana do Brasil, 2016.)

________. *Cuidando de quem cuida, um olhar de cuidados aos que ministram a palavra de Deus.* (São Leopoldo/RS: Sinodal, 2007.)

________. *Pra não perder a alma – O cuidado aos cuidadores.* (São Leopoldo/RS: Sinodal, 2012.)

________, in: BRUSTOLIN, Antonio (Org.). *Família: novos horizontes.* (São Leopoldo/RS: Est, 2008.)

O'MEARA, Dominic J., "The Hierarchical Ordering of Reality in Plotinus", in: *The Cambridge Companion to Plotinus*, Lloyd P. Gerson, ed. (Cambridge/UK: Cambridge University Press, 1996.)

ORTLUND JR, Raymond C., "Male-Female Equality and Male Headship: Genesis 1–3", in: *Recovering Biblical Manhood & Womanhood: A Response to Evangelical Feminism*, ed. John Piper and Wayne Grudem (Wheaton/IL: Crossway, 2006.)

PETERSON, Brian N., "Egyptian Influence on the Creation Language in Genesis 2", in: *Bibliotheca Sacra* 174, no. 695 (2017): 289–290.

PETERSON, Eugene H. *Um ano com Jesus: Meditações diárias.* (Viçosa/MG: Ultimato, 2015.)

PIERCE, Ronald W. e WESTFALL, Cynthia Long. *Discovering Biblical Equality: Biblical, Theological, Cultural & Practical Perspectives*, 3ª ed. (Downers Grove/IL: IVP Academic, 2021.)

PIPER, John e GRUDEM, Wayne (orgs.). *Homem e mulher: seu papel bíblico no lar, na Igreja e na sociedade* (São José dos Campos/SP: Fiel, 1996.)

________. "50 questões cruciais sobre masculinidade e feminilidade bíblicas", in: SCRIBD (Ministério Piedade Masculina, n.d.). Disponível em: https://cutt.ly/DroAZ53u (acesso em 21/03/2025).

PLOTINUS. *The Enneads.* Llyod P. Gerson, ed. (Cambridge/UK: Cambridge University Press, 2018.)

POUJOL, Jacques e Claire. *O potencial criativo do conflito no casamento.* (São Paulo/SP: Vida, 2004.)

PSEUDO-DIONYSIUS, the Areopagite, "A Hierarquia Celestial" e "A Hierarquia Eclesial", in: *The Works of Dionysius the Areopagite*, vol. 2. (Londres; Oxford/UK: James Parker and Co., 1899.)

ROGERS, Jack B. e MCKIM, Donald K. *The Authority and Interpretation of the Bible, an historical approach.* (Nova York/NY: Harper and Row, 1979.)

ROGGERO, Jorge Luis (org.). *El rigor del corazón: la afetividad en la obra de Jean-Luc Marion.* (Buenos Aires/AR: SB, 2022.)

ROSSET, Solange Maria. *123 Técnicas de Psicoterapia Relacional Sistêmica.* (Curitiba/PR: Sol, 2008.)

________. *Terapia Relacional Sistêmica.* (Curitiba/PR: Sol, 2011.)

SANFORD, John A. *Os Parceiros Invisíveis.* 5ª Ed. (São Paulo/SP: Paulus, 1980.)

SATIR, Virginia. "Il cambiamento dela coppia", in: ANDOLFI, Maurizio. *La crisi della coppia. Una prospettiva sistemico-relazionale.* (Milão/Itália: Rafaello Cortina Editore, 1999.)

SCANZONI, Letha. "The Great Chain of Being and the Chain of Command", in: *The Reformed Journal*, vol 26, nº 8, outubro 1976. 14-16, 16.

SCHIPANI, Daniel. *A arte de ser família.* (Buenos Aires/AR: Logos, 1993.)

SCHREINER, Thomas R., "Head Coverings, Prophecies, and the Trinity: 1 Corinthians 11:2–16", in: PIPER, John e GRUDEM, Wayne (eds.). *Recovering Biblical Manhood & Womanhood: A Response to Evangelical Feminism.* (Wheaton/IL: Crossway, 2006).

SCHULTZ, Carl, "1598 רָזַע", in: HARRIS, R. Laird, ARCHER JR, Gleason L. e WALTKE, Bruce K. *Theological Wordbook of the Old Testament.* (Chicago/IL: Moody Press, 1999.)

SIRE, James W. *O universo ao lado: um catálogo básico sobre cosmovisão* (Brasília/DF: Monergismo, 2018.)

SMALLEY, Gary e CUNNINGHAM, Ted. *A linguagem do sexo.* (Belo Horizonte/MG: Ministério Joyce Méier, 2008.)

TILLYARD, E. M. W. *The Elizabethan World Picture.* Edição Kindle. (Abington/UK, Taylor and Francis.)

TOBIN, Vincent Arieh. *Theological Principles of Egyptian Religion.* (Nova York/NY: Peter Long, 1989.)

TRIPP, Paul. *Guerra de palavras.* (São Paulo/SP: Cultura Cristã, 2011.)

VASQUEZ, Greisy Gonzáles. *Estratégias de resolução de conflito conjugal entre casais: semelhanças e diferenças.* Dissertação (Mestrado em Psicologia Clínica e Cultura). (Brasília/DF: Universidade de Brasília, 2014.)

WAGNER, Adriana (Org). *Viver a dois, Programa Educativo para Casais.* (São Leopoldo/RS: Sinodal, 2015.)

WALTON, John H. *O pensamento do antigo Oriente próximo e o Antigo Testamento: introdução ao mundo conceitual da Bíblia hebraica.* (São Paulo/SP: Vida Nova, 2021.)

WARE, Bruce A., "Male and Female Complementarity and the Image of God", in: *Biblical Foundations for Manhood and Womanhood*, ed. Wayne Grudem, Foundations for the Family Series (Wheaton/IL: Crossway Books, 2002.)

________. *Father, Son and Holy Spirit: Relationships, Roles and Relevance* (Wheaton/IL: Crossway Books, 2005.)

WATZLAWICK, Paul. *A Realidade É Real?* (Lisboa/PT: Relógio d'Água, 1991.)

________; BEAVIN, Janet H. e JACKSON, Don D. *Pragmática da comunicação humana.* 22ª ed. (São Paulo/SP: Cultrix, 2011.)

WHITAKER, C. e BUMBERRY, W. M. *Dançando com a família.* (Porto Alegre/RS: Artes Médicas, 1990.)

WOODBRIDGE, John D. *Biblical Authority: A Critique of the Rogers/McKim Proposal.* (Grand Rapids/MI: Zondervan, 1982.)

WRIGHT, Robert. K. McGregor. *A soberania banida: redenção para a cultura pós-moderna.* (São Paulo/SP: Cultura Cristã, 2006.)

ZALEWSKI, Viktorya. *Mulher pode ser pastora?* (Rio de Janeiro/RJ: Thomas Nelson Brasil, 2023.)

# Sobre os autores

## Prof. Dr. Alan Doyle Myatt

PhD em Estudos Teológicos e Religião de Denver University e Iliff School of Theology. Mestrado em Divindade pelo Denver Seminary. Atualmente é professor de Teologia no mestrado da FABAPAR (Faculdades Batista do Paraná), em Curitiba/PR. Lecionou na Faculdade Teológica Batista de São Paulo e foi catedrático de Teologia e Filosofia da Religião no Seminário Teológico Batista do Sul do Brasil. Suas publicações incluem *Teologia Sistemática* (premiada com dois prêmios Areté) e numerosos artigos como "Fides Reformata", "Religião e Política Social" e "Vida Acadêmica". Tem artigo intitulado "Sobre a Compatibilidade da Igualdade Ontológica, Hierarquia e Distinções Funcionais" publicado nas páginas 22–28 da edição especial intitulada *The Deception of Eve and the Ontology of Women*, publicada pela CBE. @myattalan

## Prof. Dr. Carlos José Hernández

Médico psiquiatra, na Argentina. Doutor em medicina pela Universidad de Cuyo, com pesquisa na interface Medicina-Teologia. Professor aposentado de Psicologia da Religião da Universidade de Posadas, de Psicologia Social da Universidade Nacional de Misiones e de Psicologia da Religião do Instituto Superior de Montoya (Posadas). É membro vitalício da Christian Associaton Psychological Studies (EUA), membro honorário do Corpo de Psicólogos e

Psiquiatras Cristãos (CPPC) e membro fundador da Associação Argentina de Psiquiatria. Escritor de várias obras. Assina, entre outros artigos: "O parto como paradigma da vida" e "Creio na ressurreição dos mortos e na comunhão dos Santos". Autor dos livros: *O lugar do sagrado na terapia*; *Leiamos a Bíblia: guia para leitura bíblica meditativa*; *Aprendendo a lidar com crises* (coautoria com Karin K. Vondracek).

## Prof. Dr. Carlos "Catito" Grzybowski

Possui graduação em Psicologia pela Universidade Federal do Paraná (1981), mestrado pela Universidade Federal do Paraná (2001) e doutorado em Linguística Aplicada pela Universidade Federal do Paraná (2009). Atualmente é sócio-diretor do Instituto Phileo de Psicologia, coordenador e professor de cursos de pós-graduação da Faculdade Luterana de Teologia (Terapia Familiar Sistêmica e Aconselhamento Pastoral Familiar) em parceria com a Associação Brasileira de Assessoramento e Pastoral da Família — EIRENE DO BRASIL (www.eirene.com.br). Docente convidado do Centro Evangélico de Missões (CEM) e da Faculdade Teológica Sul Americana. É colunista da revista Ultimato, em parceria com sua esposa, em que escrevem artigos sobre a vida conjugal e familiar. É membro pleno do Corpo de Psicólogos e Psiquiatras Cristãos e escritor de vários livros.

## Profa. Me. Clarice Ebert

Graduada em Psicologia pela UFPR (Universidade Federal do Paraná). Possui especialização em Terapia Familiar Sistêmica pela FLT (Faculdade Luterana de Teologia), Mestrado pela FABAPAR (Faculdades Batista do Paraná). É professora, escritora e palestrante. Atua como psicóloga clínica (CRP08/14038), terapeuta familiar e de casais, e supervisora de casos clínicos no Instituto Phileo de Psicologia. Docente de cursos de pós-graduação da Faculdade Luterana de Teologia (Terapia Familiar Sistêmica, Aconselhamento Pastoral Familiar e Relações Familiares), em parceria com a Associação Brasileira de Assessoramento e Pastoral da Família — EIRENE DO BRASIL (www.eirene.com.br ). Colunista no portal Guiame e na coluna "Vida Familiar" no portal da RICMais. Autora dos livros *Eduque seu filho, nisso há esperança* e *Saúde Pastoral: reflexão e prevenção*, além de coautora em outras obras. @clariceebert; www.clariceebert.com.br

## Prof. Esp. e Pastor Claudio Ernani Ebert (in memoriam)

Graduado em Teologia e pós-graduado em Terapia Familiar Sistêmica. Graduado em Liderança Avançada pelo Instituto Haggai em Cingapura/Ásia e no Seminário de Desenvolvimento de Docentes Internacionais do Haggai Internacional em Maui/Hawaii. Foi docente em cursos de pós-graduação em Aconselhamento Familiar, Comunicação Conjugal e Familiar, Fundamentos Bíblico-Teológicos do Casamento e da Família, Técnicas de Visitação Pastoral, Aconselhamento Pastoral, Capelania e Visitação Pastoral e Programa de Enriquecimento Matrimonial por EIRENE — Associação Brasileira de Assessoramento e Pastoral da Família, em vínculo com a FLT. Foi secretário executivo do Instituto Haggai no Estado do Paraná, bem como docente nacional no curso de Liderança Avançada. Autor de livros e coautor em diversas obras. Atuou como pastor em igrejas locais e no pastoreio de pastores, e como coordenador e palestrante do Ministério Vida Melhor. Falecido em 29/12/2023.

## Profa. Esp. Dagmar Fuchs Grzybowski

Psicóloga clínica em Curitiba/PR, formada pela UFPR; especialização em Terapia Familiar Sistêmica; membro de EIRENE DO Brasil e do Corpo de Psicólogos e Psiquiatras Cristãos (CPPC). É articulista da Ultimato, e coautora dos livros: *Famílias Saudáveis: a arte da fazer boas escolhas* e *De Santos e de Loucos! A igreja e a saúde mental* (Ed Sinodal).

## Profa. Me. Roseli M. Kühnrich de Oliveira

Mestre em Teologia e graduada com licenciatura e bacharelado em Psicologia. Possui mais de 40 anos de experiência clínica atendendo individualmente pessoas em sofrimento psíquico, bem como casais e famílias. Possui especialização em Psicologia da Saúde e em Terapia Familiar. É professora em cursos de pós-graduação da FLT e EIRENE, tendo sido professora convidada da EST, FATEV, FTSA, STBI, Unifil, entre outras. É autora de *Cuidando de quem cuida: Um olhar de cuidados aos que ministram a Palavra de Deus* e de *Pra não perder a alma – o cuidado aos cuidadores*. É coautora em *De Bênçãos e Traições, a história das famílias de Abraão, Isaque, Jacó e José.* Autora de dezenas de textos e capítulos publicados, atualmente leciona disciplinas ligadas à Psicologia e ao Aconselhamento Pastoral; Autocuidado, Esgotamento (burnout) e Restauração e temas de Terapia Familiar, Luto e Espiritualidade e Arte. Pesquisa principalmente os temas: Ética do cuidado; Esgotamento (Burnout) entre os profissionais das Relações de Ajuda; Cuidado Integral aos Cuidadores; A família e as relações afetivas; A função terapêutica do perdão. Ministra cursos, palestras e oficinas; organiza, assessora e orienta eventos voltados ao autocuidado de lideranças eclesiais e demais profissionais das Relações de Ajuda. Trabalha com atualização e educação continuada. Coorienta Retiros de Espiritualidade Renovatium. Reside em Porto Alegre, onde mantém seu consultório presencial e online.

## ENFRENTANDO E SUPERANDO A DEPRESSÃO

DISCERNINDO CAUSAS, TRATANDO SINTOMAS
E RENASCENDO PARA A VIDA

MARCOS KOPESKA E GUILHERME FALCÃO

Neste livro o leitor mergulha em histórias e estudos, conectando relatos bíblicos às reflexões do neuropsiquiatra Viktor Frankl, traçando um panorama multifacetado e amplo sobre esse distúrbio.

Os autores encontram um equilíbrio entre o tratamento profissional e a fé cristã, levando à compreensão de como a esperança e a espiritualidade podem se entrelaçar na busca pela superação desse transtorno.

Se você está em busca de compreender melhor a depressão e seus efeitos, e procura soluções reais e duradouras, tanto para si mesmo quanto para ajudar os outros, este livro é o guia que você precisa!

14 × 21 cm. - 144 págs. | Disponível em e-book.

## SUPERANDO A DOR NO LUTO

ENCONTRE ESPERANÇA E CONSOLO DIVINO EM MEIO À DOR

MARCOS KOPESKA E GUILHERME FALCÃO

O luto é uma tempestade silenciosa que todos enfrentaremos em algum momento. Palavras de consolo, ainda que sinceras, muitas vezes podem soar vazias frente à realidade avassaladora da perda: "Era uma pessoa boa e fará falta", dizem. Mas essas tentativas de consolo não alcançam o núcleo do nosso sofrimento, pois há mais no processo de luto do que a aceitação resignada de um destino comum a todos.

Neste livro, você encontrará uma abordagem abrangente e profunda sobre o luto, que vai além do comum, oferecendo uma perspectiva empática sobre as perdas através dos ensinamentos da fé cristã e da Logoterapia.

14 × 21 cm. - 120 págs. | Disponível em e-book.

# INFLUÊNCIA SAGRADA

## COMO DEUS USA AS ESPOSAS PARA MOLDAR AS ALMAS DE SEUS MARIDOS

### GARY THOMAS

O chamado para amar e inspirar seu marido.
Toda mulher já se perguntou em algum momento: "Como posso inspirar meu marido a ser um homem melhor?"
Seja nos pequenos ajustes do dia a dia ou nos desafios profundos do relacionamento, a verdade é que com a força do Senhor nos ajuda em qualquer circunstância.
Influência Sagrada oferece uma abordagem prática, bíblica e cheia de graça sobre como encorajar, desafiar e influenciar seu esposo — não por controle ou manipulação, mas com a sabedoria e o amor que vêm do Senhor.
Com histórias reais, conselhos de um olhar masculino e princípios da Palavra, este livro é um guia precioso para mulheres que desejam ver transformação no casamento.
Você vai descobrir:

- Como fortalecer seu papel com firmeza e ternura;
- Estratégias eficazes para lidar com crises e momentos difíceis;
- A influência silenciosa e poderosa de uma mulher que confia em Deus.
- Mais do que torcer por um casamento melhor, você será desafiada a agir com sabedoria e fé — e verá a mudança acontecer.

16 × 23 cm. - 288 págs.
Disponível em e-book.

editoraesperanca.com.br

# CARINHO

## UMA PEQUENA PALAVRA QUE MUDA TUDO EM SEU CASAMENTO

## GARY THOMAS

Todo mundo deseja ser amado, e principalmente ser amada como Efésios 5, mas para isso acontecer não podemos passar vinte quatro horas sequer sem buscar a Deus para sermos amados, aceitos e afirmados, ou ficaremos sem amor para dar. Quando o Apostolo Paulo diz em na carta para igreja de Éfeso 5:18, para sermos cheios do Espírito, no idioma Original, ele está dizendo: "Deixe-se encher continuamente". É uma ordem para deixar que Deus nos continue enchendo dele mesmo o tempo todo.

Gary vem mostrar, assim que começamos a viver por conta própria, tentando amar com nossas próprias forças, desligamos o motor do "carinho" e começamos a andar no ponto morto. Parar é só questão de tempo.

Toda pessoa casada deseja amar e cuidar bem de seu cônjuge. A maioria de nós tem uma noção do que significa amar bem. Poucos de nós têm uma visão do que significa ter carinho por seu cônjuge. Gary Thomas pinta um vívido retrato do que significa realmente cuidar de outro ser humano. Esse livro revela novos caminhos para desenvolver um casamento saudável, dinâmico e revigorante - Dr. Kevin G. Harney

Não há nada mais lindo do que estar em um relacionamento com alguém que deveria amar você... e realmente ama. Carinho nos ajuda a descobrir aquele ponto doce e feliz no casamento. - Dr. Tim Clinton

16 × 23 cm. - 224 págs.
Disponível em e-book.

editoraesperanca.com.br